越界

互联网+时代必先搞懂的大败局

张书乐◎著

電子工業出版社
Publishing House of Electronics Industry
北京•BEIJING

内容简介

全书共分5个章节，分别论述了百度、阿里、腾讯、小米和盛大5个互联网知名公司跨越原有领域，进入互联网其他行业及传统产业领域中遭遇过的各种失败。之后逐步对各种流行的互联网思维如流量为王、粉丝经济、互联网金融、极致单品、饥饿营销、产业闭环等的适用范围及思维困局进行分析和解构，试图通过这些越界的失败案例，为国家“互联网+”战略的展开，互联网企业、传统产业和创业者在未来波澜壮阔的跨界层面提供生动、有价值的试错参考。

图书在版编目（CIP）数据

越界：互联网+时代必先搞懂的大败局 / 张书乐著. —北京：电子工业出版社，2015.6
ISBN 978-7-121-26167-1

Ⅰ. ①越… Ⅱ. ①张… Ⅲ. ①网络公司－企业管理－研究－中国 Ⅳ. ①F279.244.4

中国版本图书馆 CIP 数据核字(2015)第 114094 号

策划编辑：李　冰
责任编辑：徐津平
印　　刷：三河市华成印务有限公司
装　　订：三河市华成印务有限公司
出版发行：电子工业出版社
　　　　　北京市海淀区万寿路 173 信箱　邮编：100036
开　　本：720×1000　1/16　印张：13　字数：230 千字
版　　次：2015 年 6 月第 1 版
印　　次：2015 年 6 月第 1 次印刷
定　　价：59.00 元

凡所购买电子工业出版社图书有缺损问题，请向购买书店调换。若书店售缺，请与本社发行部联系，联系及邮购电话：（010）88254888。

质量投诉请发邮件至 zlts@phei.com.cn，盗版侵权举报请发邮件至 dbqq@phei.com.cn。

服务热线：（010）88258888。

让失败照亮成功的路

在写这本书的时候，编辑问我："你到底要写什么？一本互联网当代史吗？"我没有回答，先写吧，回头你一看就懂了。脑海中突然响起了《木兰辞》中的一句："将军百战死，壮士十年归。"

互联网是一片创业和财富的热土，同时也是热门词汇的发源地。在互联网思维的大概念中涵盖了许多细致的内容，诸如粉丝经济、互联网金融、饥饿营销、极致单品以及让人应接不暇的字母组合——B2C、O2O、P2P……

现在互联网思维有了另一个更具深远意义的名字——"互联网+"战略。李克强总理在政府工作报告中明确提出制定"互联网+"行动计划，推动移动互联网、云计算、大数据、物联网等与现代制造业结合，促进电子商务、工业互联网和互联网金融健康发展，引导互联网企业拓展国际市场。之后，总理在新闻发布会上表示，站在"互联网+"的风口上顺势而为，会使中国经济飞起来。

"互联网+"是什么？小米创始人雷军在国家发改委一份报告的名词解释中看到了具体内容，他用手机逐字逐句把这些内容发到了自己的新浪微博上："'互联网+’代表一种新的经济形态，即充分发挥互联网在生产要素配置中的优化和集成作用，将互联网的创新成果深度融合于经济社会各领域之中，提高实体经济的创新力和生产力，形成更广泛的以互联网为基础设施和实现工具的经济发展新形态。”简而言之，“互联网+”代表着跨界的力量，说得更宏观一些是万物互联。

而我想说的是：“成功了叫跨界，失败了叫越界”。这就是这本书的意义所在，揭示互联网企业在跨界过程中曾经的失败、现在的失败和可能的失败，通过一个个具体的案例找出在互联网思维的魔咒下，那些跨界变成越界的深层原因。

互联网行业有一个很形象的名词——试错。没有百分百一定的成功，却有百分百可能的失败，站在互联网行业最前端的 BAT 们也是经历了种种的失败走到今天，站在风口上变成了会飞的猪。

人们往往容易在光环下迷失，总在不断复述着成功者如马云、李彦宏、雷军等人的名言。那么我这里也说一个名人名言，马云在 2014 年的互联网大会上说：“创业十多年来，我最大的心得体会就是永远去思考别人是怎么失败的，哪些错误是这些人一定要犯的。”失败才是比成功更宝贵的经验，与其自己一万次地去试错，不如先坐下来看看互联网巨头们的越界失败，再开启自己的“互联网+”之旅，少一点坎坷，多几分成功，总归是好的。这也是我为何选择先从百度、阿里、腾讯、小米和盛大的各种跨界失败事件中展开分析的原因。比起创业者的失败，比起大佬们的成功，这些不差钱的案例更具有警醒作用，更能预防“大跃进”的流感。拨开荣耀的光芒，这些失败对于大佬们或许只是浪花一点，但对于其他人可能就是惊涛骇浪。

当然，我的分析也不代表面面俱到，更不代表绝对正确，只希望我的这些观点能够给你带来一些启发和思考。

让失败照亮成功的路，这句话放在这里说有点不厚道，先这么说着吧。

目录

第 1 章 “度娘”还是度狼——百度

“我期待着有一天，当人们到国外旅行的时候，只要带着百度翻译，就可以毫无障碍地跟当地人沟通。我期待着有一天，人们可以不再需要电脑、手机，只要把一个小小的芯片植入你的脑子，你就可以无所不知，无所不能。”这是百度董事长兼 CEO 李彦宏在 2014 年最热的 8 月，站在百度大厦东广场，对近万名参加 2014 百度 Summer Party 的百度员工所作的激情演讲。

这个明显山寨马丁·路德·金著名演讲《我有一个梦想》的“连珠炮”，记录下的不仅仅是李彦宏对未来互联网版图的野心，还有他对百度及其员工的期许。就如 2012 年 11 月在百度内网中发送的以“改变，从你我开始”为题的著名公开信中，他要求的“鼓励狼性，淘汰小资”那样。

这一切的缘起，来自于这个男人用来激发士气的一句口头禅“离破产只有 30 天”。

1.1 搜索，谁的江湖

李彦宏很喜欢说一个词——狼性。在他看来，百度迫切需要植入狼性。2012年冬天，百度创始人李彦宏提出“鼓励狼性，淘汰小资”的口号，他给员工指了两条路：其一，想要坐在自由而无用的躺椅上享受人生，最好卷铺盖卷走人。其二，愿意披上狼皮大氅，改造自我，可以跟随他上 IT 战场冲锋陷阵。

2012 年冬天，这个关键词让人不禁联想到另一个词，一个有点花边、有点娱乐性质的名词——“度娘”。

1.1.1 很“娘”的品牌形象不是“醉”

2012 年 1 月，时为百度公司人力资源部门员工的刘冬，在百度年会中表演 T 台秀，之后刘冬在微博上晒出自己年会中的照片，结果迅速蹿红。该照片被网友冠以“长相甜美，神似林志玲，身形苗条，明星范儿十足，性感火辣”等高度评价。短短几小时后，刘冬的粉丝已经增长到 14 884 余人。

当下许多网民并不熟悉刘冬这个名字，但看到她那张照片，脑子里立刻会出现两个字——度娘。尽管之后也出现过许多新度娘，如明星 Angelababy 因为代言手机百度，而被誉为新晋度娘，但度娘的形象已经基本锁定在了刘冬身上，在未来不短的时间内都很难改变。

当然，度娘这个词不是因为一次 T 台秀而诞生，它产生于早些时候，而且似乎得到了百度自己的官方认可。在百度百科的词条中，其解释为“度娘指的是百度搜索，有事请问度娘，代指百度公司的幕后工作者。这一称呼有把百度人性化的意义，表达了众多网友对百度的一种很形象的印象，同时也很好地推广了百度公司品牌形象。”并且在度娘词条后加上了“百度的拟人萌化形象”的字样。

度娘的形象，尽管从来没有什么正规的卡通造型，都是落在真人身上，在很大程度上却比日本的舰娘更加二次元。至少对于 80 后、90 后的网民乃至 00 后来说，度娘比百度二字更加受用。

小知识

角川 Games 与 DMM 合作于 2013 年 4 月 23 日正式推出的舰队养成游戏《舰队 Collection》。舰娘是游戏中驱逐舰、巡洋舰等舰艇的拟人化形态。她们守卫着大海的和平，面对各种咄咄逼人的威胁，毫不示弱地活跃在战场上！

考究度娘的来由显然毫无必要，这就是一个网民智慧和调侃的结果，据说起源于百度贴吧，既然有“谷哥”（Google），那么它的竞争对手叫度娘也就无可厚非。反正百度自己很受用这个名字，至少贴吧账号管理中心也开始使用度娘的称谓。

然而 2012 年年底，李彦宏突然提出了狼性呼吁，要求淘汰小资，这可以看做是对“度娘”生态的反思。当然 2013 年 10 月 24 日，“度娘”刘冬从百度公司离职应该与此无关。

度娘作为品牌形象可以和网民走得很近，有利于用户黏性，但那只是对外。对内，如果把度娘作为公司员工的精神图腾，娘化的结果就是丧失斗志。其实更重要的是百度之前的一连串失利也足以让李彦宏咆哮。

从原始的“图腾”（Logo）中刚性的熊掌寓意，到网名揶揄并已经深入百度肌理的娘化度娘形象，再逆转为狼性化的度狼，李彦宏想得也许太过简单。

冷知识

百度的 logo 上其实有一个明显的熊出没的掌印，在搜索引擎里正好和搜狐的狐、谷歌的狗类似，只是有几个人知道百度公司的官方动物形象是“百度熊”呢？

起码在没有看百度百科前，我是不知道“百度熊”的，结果在百度页面上仔细看时，就发现了熊掌，如图 1.1 所示。可能我以前是知道熊掌存在的，但记得不深，后来直接被度娘给抹掉了记忆。

图 1.1　看，熊掌

1.1.2　除了搜索还有什么

2010 年 3 月，当时百度在中国最大的竞争对手谷歌以频受黑客攻击为由，关闭了谷歌中国的域名 google.cn，并将其指向香港服务器，宣告谷歌正式退出中国大陆市场。

百度自那时起，真正成为了当之无愧的国内搜索引擎市场的王者。2010 年，百度的总营业收入和净利润分别为 79.2 亿元和 35.3 亿元，同比分别上升 77.9% 和 137.4%。这一年成为了百度命运的关键节点。

此时距离 2000 年 1 月 1 日，李彦宏从美国 Peninsula Capital 和 Integrity Partner 两家风险投资公司获得的共计 120 万美元的资金，回到北京中关村创立百度公司，正好十年。

2000 年—2010 年百度大事记

2000 年 1 月 1 日，百度创建。

2002 年 12 月，中国移动签约百度企业竞争情报系统；康佳、联想、可口可乐等国际知名企业成为百度竞价排名客户。

2003 年 12 月，陆续推出地区搜索、“贴吧”等划时代功能，搜索引擎步入社区化时代。

2005 年 8 月 5 日，成功登陆美国纳斯达克，创造了中国概念股的美国神话，首日股价涨幅达 354%。

2006 年 7 月，百度推出颠覆性广告模式——精准广告。

2007 年 3 月，百度日文网站首页测试版上线，百度国际化战略构想已迈出实质性第一步。

2008 年 2 月，百度 IM 软件百度 HI 开始内测。

2008 年 4 月，百度百科正式版发布。

2008 年 10 月，百度网上交易平台正式定名为百度有啊。

2009 年 10 月，百度联手中科院战略合作开发“框计算”。

2009 年 12 月，百度全面启用搜索营销专业版（即凤巢系统）；百度贴吧正式对外宣布：上线仅一个月，用户数突破 1200 万。

2010 年 9 月，百度输入法正式上线发布。

2010 年 11 月，本地生活类产品——百度身边正式上线。

……

在上述大事记中，或许很多人看到各种“百度某某”的名称或其他专属名词会不知其所以然。其实我们可以简单理解下，大多数你没看懂名字的，不是百度的搜索产品，就是依靠搜索赢利的营销产品。2008 年以后，百度 HI、百度有啊这样的产品出现，标志着百度跨界进入到社交与电商平台。2008 年是一个很关键的年份，除了搜索之外没有其他产品的百度，开始真正从一元的搜索向多元发展。

我一直认为百度是互联网公司里文学气质最重的一个公司，“百度”二字源于中国宋朝词人辛弃疾的《青玉案·元夕》中的“众里寻他千百度”一句，按照公开的解释，它象征着百度对中文信息检索技术的执著追求。当然，这仅仅只是指它的名字，百度骨子里与李彦宏的学历背景一样，是十分理科化的，标准的程序员风格。

这里要纠正一个认知误区，百度在搜索引擎方面并非山寨谷歌。1997 年，李彦宏在道·琼斯公司担任高级技术参谋期间，获得了“超链分析”技术专利，比谷歌的核心搜索专利 PageRank 技术要早两年。

百度在搜索引擎上的成就无须再赘述，“不知道问百度”这一句话就足以 hold 住全场。在以 PC 为主要载体的传统互联网时代，公认的入口就两个：搜索引擎和浏览器。百度在中国牢牢地占据了一个入口的绝大部分检票窗口，让其他互联网巨头们大多绕道而行，通过浏览器来增加入口控制权。至于门户网站类的概念，其实中国互联网企业在第一次互联网泡沫破灭后就不怎么提了。

关于搜索引擎和浏览器的关系，我打个不一定很精准的比喻，就是导航（也可以说是地图）与汽车的关系。你要出门，必须要有车；如果想要到达目的地，则必须要有导航。当然去的目的地如果是新浪、淘宝、腾讯，自己背得域名，记得路线，还是不成问题的，不过也仅限于此。浏览器虽然有收藏夹，但也不可能满足上网的全部欲求，如果你要找个从没去过的地名呢？想要了解一个新信息呢？还是要靠搜索导航。之后去得多了，你或许会记住，或许会放在收藏夹里，但更多的时候，对于网民而言，还不如临时用搜索引擎检索一下比较方便。

搜索引擎的强大之处也就在于此了，没有它，普通网民在网络上可以说是寸步难行。如果一家独大呢？那就是出门旅行的必备良药了。

搜索引擎有多来钱，这里也没必要去详细表述，网络营销领域大体就两个门类：一个是文科味浓郁的内容营销，是在社交网络大行其道的 2010 年之后才真正成为主流的；另一个则是理科气息强大的搜索引擎优化（SEO），在内容营销还比较非主流的年代，想要让公司、产品、信息在网上被大家看见，这是首选项。

优化哪个搜索引擎？在中国还有谷歌的时代，大家或许还会附带考虑下没事总抽抽的“谷哥”，算是选修课。但在国内，其实一直以来都是百度一家独大，据艾瑞咨询（iResearch）数据显示，2010 年谷歌在搜索市场份额为 26%，百度为 71.6%，如图 1.2 所示。摸索“度娘”的算法规律成了 SEO 从业者的必修课。到了 2015 年，百度已经在全球范围内站稳了脚跟，根据市场研究公司 Net Applications 数据显示，在 2015 年 2 月全球搜索引擎市场份额大战中，

Google-Global 以 58.44%的份额占据首席，但份额下降了 4.30%。虽然第二名百度的份额为 26.70%，却上涨了 8.02%。

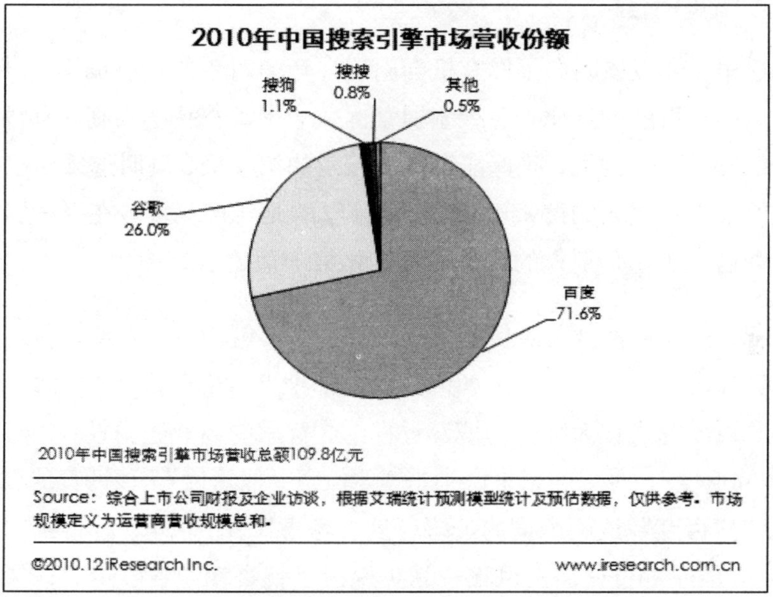

图 1.2　2010 年中国搜索引擎市场营收情况

回头看下百度的大事记，和搜索有关的词汇大多是竞价、广告、营销，单看 2009 年末推出的凤巢系统，从上线开始就基本上天天被大小站长愤怒的口水浸泡着，但骂归骂，给百度的推广钱没有少。结果百度 2010 年第一季度的营业收入为 12.94 亿元，比去年同期增长 59.6%，净利润为 4.805 亿元，比去年同期增长 165.3%。

凤巢系统的技术为什么这样牛？其核心是一个名为宽泛匹配的技术。百度高级副总裁沈皓瑜对此的解释很专业：“此技术的用户使用率很高，当然事先需要一些技术上的解释。宽泛匹配提供的信息也必须具有高度相关性，这样才能被用户所接受。”

当时中国新闻社在报道此事时，把这段很理科范的话翻译成网民都看得懂的

“白话文”：宽泛匹配模式的好处是可以使广告能够在更多的流量上进行展现，为客户挖掘更多的潜在用户，比如买 LV 包的消费者也可能会对宝马车感兴趣，帮助企业增加商业机会。”

看到这里，你应该明白了你有机会出现在竞争对手的关键词里。没钱的，通过技术人员摸索百度的规律，对搜索引擎优化一下，花费不太高。有钱的，一方面从百度批发一些关键词，确保能够进入搜索的第一页，同时继续自己做搜索引擎优化来保证占据更多的搜索页面。资金雄厚的则直接花重金在百度那里买断关键词，甭管自己的还是别人的，抢占头条和第一页的所有地盘。

这一幕，其实从百度诞生伊始，推出竞价排名就没变过。所谓技术升级，从竞价排名到凤巢系统，其实就是如何让大家都把搜索引擎优化的预算付给百度，而不是给非百度的优化大师们的博弈过程。这背后的商业逻辑是：相对于用户的“不知道，问百度”，对于商家来说则是“要流量，找百度”。该博弈的要点是“问百度”和“找百度”这两个词的前缀，从“考虑”到“可以”，再到“必须”和“只能”的层层递进过程。上凤巢，其实说白了就是知道谷歌走了，买流量只此一家，别无分店。百度的核心生态圈就是这么简单。

说个周边故事，2008 年淘宝网已经开始屏蔽百度的蜘蛛爬虫，淘宝网在网站根目录下的 robots.txt 文件中设置相关命令，禁止百度蜘蛛获取网页信息。淘宝网这样做的前提是其在当时已经可以不依靠导航，网民自己记得路了。更关键的是淘宝的核心生态圈类似百度：相对于用户的“买东西，上淘宝”，对于商家来说则是“要流量，找淘宝”，而博弈要点也是“上淘宝”和“找淘宝”这两个词的前缀，从“考虑”到“可以”，再到“必须”和“只能”的层层递进过程。如果商家都在百度上引流量，淘宝还怎么过日子？必须禁止百度，这样商家才会死心塌地地找淘宝买站内搜索和广告。

2011 年 8 月，央视财经频道在早间的《第一时间》栏目就曾经报道称：“百度推广”系统换汤不换药，依旧是商户出价越高，排名越高。只要出价合适，百度对与关键词相关的选择几乎不加以限制，搜索“麦当劳”，“肯德基”居然出现在了第一位，为“山寨网站”大开方便之门。部分网民戏言：“百度一下，你就上当”。

强哥的烦恼

2011 年 4 月 8 日，与百度许多高层私交甚好的京东商城创始人刘强东在微博上一度非常愤慨：“刚刚去百度搜索了一下‘京东’，竟然卖给了 8 个竞争对手！这也是一种盗版行为！”刘强东继续爆料百度，“首先‘京东’两个字百度一年就要我们 500 万！500 万还不够，继续卖给 8 个竞争对手，根据测算，因为竞价激烈还能赚到 1000 万。仅仅‘京东’两个字，百度一年就赚 1500 万！”技术出身，在中关村摸爬滚打多年的刘强东甚至说：“希望 Robin（李彦宏）不要被财富和市值冲昏了头脑。”

颇具喜感吧，但现实就是如此。运用相似生态赢利的百度和淘宝，此刻都奉行着赢家通吃的哲学，而且有些肆无忌惮。这种躺在床上就来钱的生活，确实挺令人羡慕。其实百度的赢利之道，就是它的互联网思维——赢家通吃。当然，前提是它拥有最厉害的技术，而且别人还复制不来。

1.1.3 3B 大战，踢馆的来了

搜索引擎大佬的地位有很多窥视者，百度从来就不缺乏竞争者，自从谷歌退出中国市场后，想要补位和反超的企业就从来没少过。直到 2012 年，360 踢馆才真正有了看头。一直以来，搜索引擎的战争没有比 3B 大战更精彩的，其他的最多只能算是重播。

有人的地方就有江湖，有江湖的地方就有争斗。而在搜索引擎的世界里，3B 厮杀从 2012 年 8 月中旬已经展开，随即进入了白热化，如图 1.3 所示。

2012 年 8 月 16 日，“360 搜索”低调上线。8 月 20 日，360 网址导航和 360 浏览器中的默认搜索引擎由原来的谷歌变为“360 搜索”。一个月的时间，360 拿

下了10%的搜索引擎市场份额，相对的是百度失去了同样多的市场，从七成跌至六成。

图 1.3　2012 年 3B 大战

3B 大战就此打响，踢馆者叫周鸿祎，刚刚跟腾讯打完 3Q 大战的名人。对于当时的互联网企业来说，一怕腾讯“山寨”，二怕周鸿祎“插足”。有周鸿祎的地方就会有争斗，这位奇虎 360 的创办者的过去一直备受争议，而他涉足的领域往往会战火纷飞。

周鸿祎第一个将免费杀毒的理念带入安全软件市场，结果短短几年，360 安全软件轻松击败瑞星、金山等杀毒软件厂商，即使这些巨头后来纷纷免费。从踢馆者到坐馆者的角色置换完成后，周鸿祎面对任何挑战者，哪怕强大如腾讯，也敢于一战。

此次，周鸿祎在搜索引擎领域重新上演过去的戏码，只是他这次面对的巨人不再是瑞星或腾讯，而是百度。对周鸿祎来说，过去的和现在的对手都无比强大，而他看起来像堂吉诃德。但和风车战斗的堂吉诃德不一样，每一次闪击战，周鸿祎都是有备而来，直击对手软肋。这一次，百度的软肋是没有自己的客户端。

按照弱肉强食的商战规则，首先牺牲的应该是搜狗、搜搜这类搜索引擎的小弟。然而一个有趣的现象是在整个 3B 大战中，这些小弟并没有被殃及池鱼，受伤的只是百度这个大佬。理由很简单，搜狗有自己的浏览器、输入法，而且市场份额不低，搜搜依托腾讯客户端，稳稳地守住了中场。尽管两家在搜索引擎市场里的份额不到两成，但因为有强有力的客户端作为后盾，战损可以忽略不计。

客户端为何如此关键？业内人士指出搜索引擎是互联网的入口，而搜索引擎又有自己的入口，对于大多数网民来说就是浏览器。百度在这个领域一直很弱，它更多依靠的是用户的使用习惯以及其他浏览器的内置。

换言之，这场 3B 大战还没开打，初期的战果就已经预定。360 依托其占国内市场份额第二的浏览器，轻轻松松地就从百度那里拿走了 10%的搜索引擎市场。这就是周鸿祎踢馆的底气，然而底气并不等于胜利。硝烟散尽后，我们不难发现，这其实就是一场“礼拜攻势”。

小知识

朝鲜战争期间，美军曾经对中国人民志愿军作战行为的进行研究并起了一个名字——礼拜攻势，意思是志愿军由于后勤能力的限制，攻势最多只能持续一个星期。

周鸿祎的攻势恰恰就是一场礼拜攻势。靠先发制人的闪击战和浏览器优势，第一个星期，3B 大战的战局基本上一边倒。而第二个星期开始后，三八线就再也难以挪动，浏览器能够给 360 搜索带来的流量已经到了阶段性的极限。当大家都等着 360 如过去进军安全软件那般祭出真正创新的革命性杀手锏时，360 却没了动静。

礼拜攻势一结束，百度尚未真正拉开架势反扑，2012 年 8 月 31 日，搜狐董事局主席张朝阳坐不住了，他在微博中高调宣称：“搜狗必须参战！”随后搜狗 CEO 王小川微博表态：“该帮谁呢？参战了就真成了‘3SB 大战’。”搜狗改称的“3SB 大战”没有多少人认同，搜狗高调宣布参战，之后却无行动被证明只是嘴上说说。

接下来该如何进行？百度、360、搜狗乃至搜搜、中搜等一系列搜索引擎公司都明白这是一场持久战，准确来说是一场以用户体验来衡量成败的持久战，一城一地的得失在这场持久战中变得不那么重要。

但用户体验在这场 3B 大战中却没有实质性的变化。中搜总裁陈沛就认为无论是 3B 大战还是“3SB 大战”，都无法真正改变中国搜索市场格局，因为都是“马车对马车的战争”，汽车还没有出现。

这其实恰恰说明了搜索引擎江湖的格局。市场份额并不代表真正的掌控能力，在目前国内搜索引擎市场上，大家的技术程度差距不大，用户体验也没有多大差别，而目前的搜索引擎市场份额的关键切割点仅仅是用户的使用习惯和客户端的“推荐”而已。当然，还有谁先进入这个江湖。

真正的改变应该是怎样的

其实真正的改变早有先例，依然是周鸿祎与百度的战争，只不过时间已经很久远了。早在中国互联网行业起航之时，周鸿祎的 3721 中文上网服务曾经是中国最早的搜索引擎雏形，其地位和今日的百度相当，尽管也有许多类似的产品出现，但都难以对这个先入江湖的前辈大师构成实质性的威胁。直到李彦宏从美国带回了全新的搜索引擎概念，用一个“山寨”谷歌的百度，以更便捷和人性化的互联网搜索方式革了 3721 的命，这种颠覆式的革新重新对搜索引擎市场进行了洗牌。之后江湖上再没有 3721 的传说。

新的颠覆式创新至今还没有出现，江湖会继续按照谷歌定下的搜索引擎模式保持着均势。

江湖中的下一场厮杀在哪

当礼拜攻势结束后，搜索引擎大佬们已经将战场转移到了微博之上，口水战成为了主旋律，但除了都自称是胜利一方外，其他乏善可陈。

在欧美市场，每年都会有新搜索理念向谷歌发起挑战，而谷歌也在不断丰富自己的搜索体系来保护地盘，谷歌地图、Google+等新颖应用也在这种技术攻防战中应运而生。而在这次 3B 大战中，这一切都没发生。

新的厮杀必不可免，只是时间问题。搜索引擎厂商们都在等待，用法军在二战时守着马奇诺防线的老战术静坐着等待。此刻百度不急，360 不急，其他厂商也不急，因为急也没用。这也是有中国特色的互联网战争，等待来自国外的颠覆式创新，然后快速移植到国内，而在等待的同时，国内搜索引擎厂商们则在做着微创新，以打发无聊的等待时光。

华山论剑需要一个新的搅局者，一个带着创新光芒的搅局者，就如金庸在《神雕侠侣》末尾写到觉远用九阳神功搅局以九阴真经为核心的五绝论剑那样。

搜索引擎江湖中的九阳神功会是什么？目前看来，垂直搜索是新的蓝海，因为这是目前搜索引擎们的软肋。阿里巴巴早前弄出了个一淘网，就恰恰用比价搜索的新方式打到了搜索引擎厂商的命门，打开了一个属于自己的市场。当然，阿里巴巴和 360 一样，也有一个入口优势，那就是拒绝搜索引擎的淘宝和其中巨大的用户黏性及流量。

必然会有其他的垂直搜索逐步打开通用搜索们的垄断江湖。比如社交网络的搜索功能，这已经通过国外 Facebook 的实践证实可以用更便捷、更社交化的方式，从谷歌一家独大的局面中走出新路。比如摆脱关键字模式的图片搜索和视频搜索也正在国外开始试水，这种新技术走出了传统搜索引擎的算法模式，也具有相当的市场前景……

然而，国内局面依然是一潭死水，更多的只是把着眼点放在如何将搜索引擎的巨大流量变成金钱，更多的只是想着如何通过浏览器、输入法、网址导航等客户端类的产品“绑架”用户来增加黏性，而不是用提升用户体验和新品创新的方式创造流量，罔顾无数用户因竞价排名等产品带来的虚假营销、金钱营销、SEO 欺骗等恶性竞争方式带来的搜索体验混乱。

搜索引擎的江湖等待真正的踢馆者，一个真正把用户体验当做自己核心搜索理念的踢馆者，而不是只来挖金子的淘宝者。

但在此之前，百度的江湖地位不可能、也不会动摇。当然，如果大家还在用PC上网的话。

1.2 流量为王的哀伤

百度应该是中国最懂网络营销的企业，无他，百度自己掌握着流量的水龙头，要大就大，要小就小。可奇怪的是最懂网络营销的百度却一直做不好电商，这个网络营销最容易变现的领域。

理由其实很简单，百度本身并没有做网络营销，它只是掌握了网络营销最有效的技术——搜索引擎，尽管有竞争对手，但基本上搜索江湖论起做营销，还是只此一家，别无分店的状态。它不需要懂多少营销，拿着技术，玩营销的人就要送钱上门。

尽管百度在其中折腾了很多很多次，其跨界思维却逐渐蜕变成了越界，还是没真正越过去的那种。

1.2.1 不学谷歌做导购

2008 年是百度真正走向多元化的开始。这一年百度在搜索引擎领域获得大丰收，不过在其他副业方面似乎依然颗粒无收。

2007 年，百度成立电商事业部。2008 年 10 月，百度有啊上线，扬言将在“3 年超越淘宝”。但是 2011 年 3 月底，百度发布公告称有啊将于一个月后关闭，有啊的商城业务将有计划地转移给乐酷天、耀点 100 等合作伙伴。随后 2011 年底，百度电商事业部被拆分为独立公司。2012 年，有啊被包装成爱乐活重新上线，但被定位为本地生活信息服务平台。有啊从此被百度的其他电商项目所替代。

百度有啊为何会败？不应该出现这样的局面的，因为电子商务最期盼的流量开关掌握在百度的手上。有很多文章在谈论此问题时都大惑不解，明明是另一个搜索巨头——谷歌在美国走通的路，为何在中国，百度就没能复制成功呢？

别急，我们先来看看百度是怎么打造有啊的。

为什么百度要做一个有啊呢？多元化发展其实并不是李彦宏的理由。“在全球任何市场上，电商都是搜索引擎最大的广告主，从战略上来说，电商和搜索引擎是客户或者合作伙伴关系。”爱乐活 CEO 蔡虎在分析百度电商战略失利时曾如是说道。对于李彦宏来说，更大的危机来自于一旦电商们都走了，百度靠搜索引擎这一单支柱，收益可能会滑坡。

有数据显示百度在确定电商战略时，发现在 4 亿搜索用户中，有 30%的搜索用户有过网购行为，25%的用户有网上支付行为。当阿里在 2008 年屏蔽百度时，李彦宏的危机感加重。

这种危机不是没来由的。如前所述，网民们记住了淘宝域名或加入收藏夹后，就不一定非要通过百度搜索绕个弯进店了，淘宝站内的搜索可以更好地满足需要，而且很干净，至少不会被搜索引擎导入到一些不知所谓的网页上去。淘宝敢封杀百度的搜索，底气正在于此。有趣的是，类似的剧情在谷歌那边反而上演了四五年，让人不由得感叹中国电子商务的发展如此迅猛和依靠庞大人海带来的巨大长尾的猛烈。

在美国，为了让用户能找到自己，亚马逊在起步之初的每年会支付给谷歌巨额费用用于推广。但这种合作就如淘宝和百度一样，只是暂时的。根据知名市场研究公司 Forrester 的数据显示，2012 年第三季度，有 30%的美国网购人群将亚马逊视为自己购物的起点，而仅有 13%的用户将谷歌等搜索引擎视为自己购物的起点。与两年前相比，这一数据统计结果可以说是发生了翻天覆地的变化，因为当时的搜索引擎似乎更受网购人群欢迎。

李彦宏未雨绸缪的法子就是将刀把子掌握在自己手上，趁着商品搜索和购物起点都还没有转移到电商网站尤其是淘宝前，先下手为强，自己做电商。起步之初，百度面临着两条路径：一条是自建商城，即有啊模式；另一条是效仿 Google shopping 模式，做比较购物搜索，相当于导购。百度觉得走谷歌路线和现在的百度搜索没什么差别，只是作了细分而已，也就是我们现在常说的垂直搜索。

李彦宏自己也不太重垂直搜索，哪怕是在 2010 年淘宝的电商垂直搜索做到极致时，他依然在一次财报电话会议上表示：“我从事搜索业务已经有很多年了，大概有 15 年。在过去 15 年里，我看到了大量在各种垂直领域打造搜索引擎的尝试，但没有人能取得成功。我认为主要原因是用户较为‘懒惰’，他们希望通过一个搜索框就能满足各种需求。垂直搜索引擎可能拥有少量忠实用户，主要的流量很可能来自百度搜索结果页面上的链接。”这份自信，让有啊变成百度的必然选择，也成为其转型的战略性产品。

1.2.2 战略性的跟风

互联网企业跨界竞争的战略性产品，大多是以下四种使命：

一是作为牵制型产品，即用来战略性牵制对手的产品。比如腾讯微博，其诞生只是为了遏制新浪微博的蔓延，确保 QQ 的社交老大地位，任务完成后也就不太重要了。微信出来后，新浪微博打不过了，腾讯微博就让它荒着吧。

二是作为跟风型产品。江湖上什么火爆了，就玩什么，做得成最好，做不成也没关系。比如阿里巴巴的阿里游戏，看到微信游戏非常火爆，眼热杀了进去，却没有拿下多少市场。话说微信的诞生其实也是如此，看到移动飞信和小米米聊开拓出来的蓝海，杀进去后结果全面反超。

三是作为创新型产品，就是市场上或中国市场上没有的，自己先弄出来。弄得好就可能是颠覆性创新，一举成为行业巨头，百度当年玩搜索就是一个很好的例子。不过该类产品的风险也极大，盛大比较喜欢做这类产品，最著名的如盛大盒子，在当时还是机顶盒一统天下的时代，盛大想用更有娱乐功能的智能盒子实现 OTT，却一败涂地。对此，后面会有专章详细讲述。

四是作为布局型产品，即依据主要产品进行合理衍生，形成更丰富的产业链，相当于布局新的业务增长点。例如乐视做智能电视，小米做手机之外的各种安卓智能设备。

当然，战略级产品往往具有复合型的使命。例如百度有啊大体上是一个牵制、跟风和布局三重使命皆具备的产品。只是在不同时期，某一种使命特征更醒目点罢了。但有啊失败的原因或许更多是因为盲目跟风。

当时，国内电子商务主要分为三大类：C2C（个人与个人之间的电子商务，如淘宝）、B2C（商家与个人之间的电子商务，如当当）和 B2B（商家与商家建立的商业关系，在电商领域比较非主流）。

百度要牵制淘宝，一方面要分蛋糕，一方面要弱化其电商搜索引擎入口规模，最好的办法就是做 C2C，因此有啊的初始定位也就明确了。有庞大的流量作支持，有啊的开张之日显得格外红火。上线第一天的访问量超过 400 万，上架商品数 199 万件。几乎所有的入驻商家都相信，百度会给自己的商城店铺一些流量倾斜，如图 1.4 所示。

事实似乎并非如此，一位百度有啊离职人士曾对外透露：“百度对有啊的投入也不大，主要是人力投入。”坊间流传百度对有啊一个月的推广费也就不过数千元，连个中等规模的淘宝店铺都不如。君不见淘宝切入 C2C 市场时，为打压易趣，曾不惜代价砸下数亿广告费。有啊的 C2C 业务队伍人数只有 100 来人，而当时阿里巴巴 C2C 业务群的员工规模早已千人以上了。

图 1.4 你确定去过有啊吗

但其实这并不是问题，因为百度自己就是最好的网络营销平台，它不用给钱，给资源就OK了，百度也确实给了有啊资源。百度一贯的投资习惯就是只投资无形资产，并处于控股地位。同样的例子还有奇艺网，2010年初百度引入普罗维登斯资本的5000万美元组建视频网站奇艺网，后更名为爱奇艺网。除了带来巨额流量外，百度在运营层面上并没有对爱奇艺进行过多的干预，当然也就没有什么其他特别大的支持了。

因为在百度的程序员大脑中，流量这个金不换的资源就是最大的支持，有了流量还需要费多大劲呢？百度顺理成章地认为只要给有啊提供流量就可以了。所以从这个层面上判断，有啊只是个试验性产品的论断其实挺不靠谱的。

但无论是何种理由，有啊的结局是失败的。根据易观国际发布的2010年第2季度数据显示，百度有啊在该季度的交易额仅为1.25亿元，市场份额为0.11%，而淘宝的份额则是75.16%。多么可悲的数据啊，不过此刻百度已经对此不再伤心。反正只有千分之一份额的有啊此刻的生死，其实和整个电商市场没多少关系了。

百度决定变阵。2010年1月，百度宣布斥资5000万与日本乐天建立合资公司乐酷天进军B2C业务。与此同时，李彦宏决定弱化有啊的C2C模式，这也意味着百度的电商之路由C2C开始向B2C转变。随后百度有啊总经理李明远等核心人员离职，百度有啊生活平台上线意味着有啊C2C业务正式转型生活服务平台。

有啊为何会败？很多观点主要集中在有啊的体验环节上。这样说并没有错，比如京东本身就是做代理商出身，对线下零售相当熟悉。淘宝在刚开始起势之时，除去内部复杂的交易体系和流量分配设计外，小二需要到各地去帮助商家了解淘宝，熟悉淘宝规则。而有啊其实一直就是在做流量的生意，没有耐心培育自己的商家，虽然接通了和消费者的天线，却没和商家的地气连在一起。一个在淘宝和有啊同时开店的小伙伴曾对我说，有啊基本在山寨淘宝，但放任店主们自生自灭，很少做活动。不知道曾经在有啊工作过的人，后来看到淘宝带出来的“双十一”、“双十二”活动会作何感想。

很多人提到百度在进入其他领域时，必然会遇到另一个“百度”。这句话有一定的道理，百度占据了搜索引擎的大半河山，谁进来都很难发展，而淘宝当时占据了 C2C 的七八成市场，其实就是电商版的百度，这就是一个赢家通吃的局。

按照赢家通吃的准则，市场竞争的最后胜利者获得所有或绝大部分的市场份额，而失败者往往被淘汰出市场无法生存。李彦宏曾经说过类似的话：“对于互联网创业的年轻人我想送给他们三个词：准备失败、勇于创新、专注如一。具体讲就是要认识到 99%的创业会以失败告终的残酷现实；创业时要选择尚未被发现或者不被重视的领域，以便在资源上取得相对的优势；一旦选定方向，要专注地把它做到极致。”

但这依然不是正解，百度一家独大的搜索引擎市场，不也有搜狗、360 等搅局，阿里巴巴的淘宝之外，不也有许多电商活下来并扩张着。为啥手握流量的百度不行，背靠大树的有啊不行？说白了是战略选择错误。

C2C 当时是红火，但淘宝自己也知道这不靠谱，积极谋划向 B2C 转变。国外的同行已经用血的教训证明了 B2C 才是未来电商的主流。不过当时的电子商务领域并没有多少人严格区分 C2C 和 B2C 业务。

有质量、有服务、有货源乃至有品牌，一直都是商品销售的核心。纯血的 C2C 不可能全面做到这些，等真正做到也就变成 B2C 了。淘宝当初做 C2C 是因为没有多少实体商家愿意试水这个还不知其所以然的 B2C。C2C 培育好了市场，商家明白了行业大势跟上，C2C 也就顺理成章转型 B2C 了。不幸的是有啊的 C2C 正好做在了 C2C 迈向 B2C 的拐点上，等于落后了别人一个世代。

因此，百度决定开玩 B2C，继续战略性跟风……

1.2.3 程序员的哀伤

流量是王道，但绝非唯一的因素，更专业的队伍，更充分的放权，更灵活的机制等要素亦决定着多元化的是非成败。这一点，百度在有啊失败后许久才算认识清楚。

乐酷天对于网购用户来说基本是个陌生的存在，在它短短的 2 年生命里，其实貌似什么也没干。2012 年 4 月，日本乐天方面提前公开宣布将在当年 5 月份关闭与百度合资建立的乐酷天电子商务平台，乐天表示关闭原因是“经营不善”。而一位知情人士透露，百度并未对乐酷天有一分钱现金投入，投入的更多是资源和流量支持，这和有啊的玩法差不多。

几乎“同呼吸，共命运”的还有百度的另一个电商项目耀点 100。2010 年 5 月，百度联合达芙妮投资耀点 100。2012 年 7 月因资金链断裂，耀点 100 暂停运营。

百度 B2C 的路数一样也没走通，当然不是赢家通吃这个理由能够解释清楚的。主要原因还是和上面一样，其实就是百度的流量为王、技术为王两大互联网思维作祟。

从本质上来说，这是百度骨子里的程序员模块惹的祸，如图 1.5 所示。李彦宏和他的百度核心班子经常挂在嘴边的词汇是技术，有了技术就似乎天下无敌。这话其实和当年“学好数理化，走遍天下都不怕”一样经不起推敲。

在百度搜索方面，技术是万能的，因为技术可以带来更好的用户体验。当然，如果只考虑用技术换钱，比如竞价排名，体验就未必好了。在电子商务领域，技术能带来客流，但商品本身和服务才是真正留住客户的关键所在。

图 1.5 网上流传的程序员“标准照”

打个比喻，百度的电商其实就是一个开在黄金地段（百度）上的黄金旺铺，客流量不是问题。开张时进店的客人很多，不过久而久之，大家发现与另一个不占据黄金码头、开业几年的老店相比，旺铺东西不够齐，服务或许差不多，但价格可能因为前者门店内的铺面竞争激烈些而有所差别。更重要的是，旺铺就知道打开门做生意，完全没有老店时不时来个活动促销的机灵劲。至于逛街舒适度、店铺装修的好坏，咱就不评价了。

当然，百度还有其他的布局，比如在 2010 年 3 月上任的有啊总经理蔡虎的调整下，有啊变身爱乐活，重新确定了“本地生活服务”的新平台定位，拉开了百度 O2O 的布局。当时，本地生活服务信息领域经过 2010 年—2011 年团购网站疯狂生长的洗礼后早已成为竞争激烈的红海，58 同城、赶集网、大众点评网等早已严阵以待。不过百度不担心，这个领域还没有出现另一个“百度”，结果是大刀阔斧地进去，血本无归地出来。为什么会出现这种局面？百度的老毛病还是没改，总是想坐在网上管着水龙头就好。当然，在各种“又一家”电子商务网站你方唱罢我登场的大背景下，百度的失利其实也没什么，99%的创业都是失败的。

蔡虎在 2013 年 2 月接受新浪科技采访时透露，当时爱乐活 50%流量都来自于自有用户，百度带来的流量还不到 20%。而在 2012 年 9 月《经济观察报》的一篇《百度重构电商版图》稿件中，蔡虎给出的“剧透”则更离谱，百度给爱乐活贡献的流量仅占 10%左右，爱乐活最大的流量来自于腾讯。

其实，不单是百度的这些战略性跟风、布局业务有用户体验问题，百度自己的搜索业务也同样如此。上面说到的百度竞价排名和凤巢系统，其用户体验也不是太理想。

我有个朋友 2011 年碰到这样一件窝心的事：当时单位组织出去旅游，她负责订机票，百度一搜，钞票交出，然后发现对方是一个钓鱼网站。报警也好，找百度也罢，都没辙，钱掉水里了。这在当时已经不算什么新闻了，大家都知道了原来搜索关键词在最上面的，未必就一定是正主，有可能只是给了百度钱财而已。但好歹收钱也把把关啊，至少别为了那点钱，让骗子和虚假广告那么糟蹋网民对你的信任。百度后来改了相关规定，不少正规网站被标注了“官网”字样，骗子也就没那么猖獗了。

也有人认为百度的电商战略是很成功的，至少在大多数人唱衰百度电商之时，国外的投资者却一度很看好，摩根士丹利等投行评价百度，除了“最大的中文搜索引擎”，通常还少不了另一句话：“中国电子商务行业最大的受益者”。在国外投资者看来，百度的电子商务战略“恰到好处”。

持此观点的人指出，在为中国电商产业提供推广和生长平台方面，百度已经搭建起“完美三角”：一边是 95%的用户覆盖，每天超过 50 亿次的访问；另一边是通过网页搜索、知道、贴吧、百科等构成了全球最大的中文内容聚合与分发平台，互联网界独一无二；第三边是最显现商业影响力的一边，百度有着超过 50 万家的联盟合作伙伴，可以将影响拓展至中文互联网的任意角落。

这个观点在理吗？在理，至少在 2012 年以前还在理，因为那时候的电商领域尽管淘宝占了大头，也还有很多商家杀进来，可消费者不知道，怎么办？百度帮你。

不过这个观点也很短视，在基本电商格局固定下来，大家记住淘宝、京东、当当、亚马逊还有一些垂直电商后，百度的价值也就没多少了。消费者买东西可是要比价的，百度在这方面无能为力，电商平台自己的搜索引擎却能帮上忙。

君不见，2011 年阿里巴巴完成变阵，将原来的大淘宝一分为三，成立各自独立运营的公司，即沿袭原 C2C 业务的淘宝网、平台型 B2C 电子商务服务商淘宝商城（后更名为天猫）以及一站式购物搜索引擎一淘网。

于是乎，到了 2012 年，时任百度企业发展部总经理的汤和松对外表示：“对于百度来说，百度的主要精力还是放在信息获取领域，电商不是投资主要方向。”汤和松称电商领域已非常成熟，也非百度优势所在的领域。从战略牵制角度来说，百度的电商平台们不但没有帮百度加分，反而还帮淘宝清除了一些对手。毕竟流量分给了自己人，其他不像淘宝那样不用靠百度流量过日子的电商们，日子更不好过。

接下来，百度没再怎么做传统电商。2012 年 7 月百度又推出了新产品——百度逛街，走的是模仿谷歌走导购的路数。此刻“蘑菇街”、“美丽说”傍着淘宝已经做起来了，连报道都很罕见的百度逛街在试水一年后，就自动退出了市场。再说百度往哪里导购啊？去老冤家淘宝那里吗？

1.3 百度的富贵病

2013 年 1 月，李彦宏在 2012 年“公司系数”一栏的打分是零。在不少员工看来，李彦宏对百度在“移动互联网”上的表现十分不满意。

这只是对李彦宏零分事件的皮毛分析，他真正的焦虑在于百度慢了，比整个互联网节奏慢了半拍。在这个时间段内，李彦宏密集发声，特别是在公司年会上，他甚至说：“过去的 2012 年对于百度来说，可能是近些年来最困难、最不容易的一年。外界对我们的发展有一些质疑——百度是不是错失了布局未来的先机？是不是只能躺在领先的优势上吃老本？是不是缺乏创新的动力和能力？”

李彦宏的希望很简单，不要富贵病，要有饥饿感。

1.3.1 离破产还有 30 天

布局电商的失利对百度来说，并不是什么大事，它对百度的根本——搜索引擎没有实质性的影响，最多是少了个赚钱的次级市场。真正的大事是移动互联网的崛起，而百度在这方面落后了，或者可以说搜索引擎这个不败的法宝开始不灵了。李彦宏真正有了切肤之痛的危机感。

但在当时，百度的员工们并没有多少感觉。有百度员工甚至说，依靠搜索引擎上的绝对优势，百度单靠一个竞价排名就能活得很滋润。言下之意就是百度已经很成功了，没必要再去那些未知领域冒险。这样的观点在当时的百度很盛行，以至于不少百度的离职员工称："百度很多的部门还是挺适合养老的，诸如北大、清华等学府的人才不会在百度待太久，因为百度带来的挑战越来越少了。"

"生于忧患，死于安乐"。范仲淹的这句老话其实对于每一家进入稳定期的互联网公司都是警示，特别是在自己的优势领域，而且又没有旗鼓相当对手的情况下。与此同时，左右着整个中国电子商务市场的阿里巴巴也陷入了类似的局面，不少媒体报道淘宝的许多"小二"们在淘宝店家的"贿赂"中，过着"纸醉金迷"的生活。马云的选择是在阿里体系里高调反腐，而李彦宏在百度体系里全力推崇狼性文化。问题是如何才能让躺在功劳簿上睡觉的员工们，因为饥饿而激发狼性呢？

"离破产只有 30 天"成为了李彦宏用来激发士气的一个口头禅，但这还不够。李彦宏必须要有根治百度富贵病的药方。

在推出药方前，先要明白百度的病根所在。

百度十多年来的发展太过顺利，特别是在谷歌退出中国之后，它已经丧失了疼痛的感觉。用李彦宏的话来说这是恐龙病："我听说恐龙脚踩到一块石头，要几个小时以后它的脑子才能够反应过来。百度如果这样，不管长到多大，都会失败。"

没有对手是一种寂寞。之前百度一直沉浸在胜利的喜悦里，毕竟 PC 时代互联网入口只有搜索引擎和浏览器，后者的世界里还在群雄割据，这让百度没有了后顾之忧。中度“脂肪肝”的恶果也很快呈现。具体表现在百度自身上，就是除了主打的搜索相关业务外，百度的许多其他探索和拓展尝试都很不成功，如电子商务上的百度有啊和网络视频上的爱奇艺。仅 2012 年，百度在这两个项目的投资亏损就达 2.942 亿元，而 2011 年则为 1.794 亿元。在移动互联网战场上，百度更是乏善可陈。有人就揶揄当时的百度移动产品不过是将 PC 端的搜索引擎适配了一下手机屏幕罢了，用户体验基本为零。

程序员的老毛病又犯了，技术为王真心不是真理。

2012 年 1 月，老对手腾讯旗下才诞生 433 天的微信已经拥有了过亿用户，到了年底，用户量接近 3 亿。腾讯借此成功抢占了移动互联网的入口，这让李彦宏感到忧虑。他在前不久参加的一次读书会活动中就说：“像这种起来得特别快、用户数目也非常大、客户粘性非常高的产品，我肯定是担心的，我天天在琢磨它会不会对我的业务产生实质性的威胁。答案是有可能。”

但创始人的忧虑很多时候并没有外界想象的那么大，特别是对于百度这样一个已经上了轨道的非创业型公司来说。侵入肌体内部的脂肪肝，必须要配合一定的疗程来缓解和消除，光靠喊狼性口号意义不大。而且度娘这个名字喊久了，也真的容易“娘化”。

利诱是一条激发饥饿感的捷径，也是让“娘”转化为“狼”的快捷方式，大家都知道“重赏之下，必有勇夫”的道理。

2013 年之后的百度，找了两副药方，一副内服，一副外敷。内服的方子主要以内部激励为主，不断提高额度的“百度最高奖”是其中的一味药。就在本章开篇提到的李彦宏激情演讲的同时，百度颁发了年度的“百度最高奖”，6 支 10 人小团队分享了高达 600 万美元的奖金，这也是之前三年“最高奖”的总和。四年累计共发出 1200 万美元，这种重赏之下必有勇夫的古老策略，也在骨子里透出了强烈的利诱味道。外敷的方子则是大规模进行并购和整合，为百度添加更多的元素，特别是移动互联网的成分，如收购 91 助手。李彦宏和他旗下的百度技术精英们开始想明白了：在物种多样化的移动时代，百度需要自己动手建设生态。特别是在移动互联网时代里，靠自己的技术开发产品的封闭思路已成明日黄花。

这两副药方表面上都指向百度想要进军的移动互联网领域，但实际上是李彦宏想借助移动互联网这个新兴领域，让百度的员工们重新找回创业的感觉——那种步履薄冰、举步维艰，不知何时会冒出一个敌人将自己颠覆掉的危机感。

药方不错，可百度能就此消肿吗？

1.3.2　饿不起来的百度

2014 年初，李彦宏没有召开全员大会，也没有发表激情的年度讲话。他又发了封内部邮件，因为 2013 年全年度总营业收入达到 319.44 亿元，同比增长 43.2% 其中第四季度的移动营业收入占总收入的比例已经超过 20%。他在内部邮件里激动地写道："这证明无论在 PC 时代还是移动时代，搜索营销都是一种有效的商业模式，这也让我们在变幻莫测的市场环境中更有信心。"

百度似乎重新找回了饥饿感，甚至肌体都变得年轻了许多。正如李彦宏在内部信里提到的那样，百度 IDL 研究院将正式启动"少帅计划"，面向全球招募优秀青年人才。在 2013 年，百度其实已经提拔了一批"少帅"，其中最令舆论兴奋的是一位叫李明远的 29 岁年轻小伙，他在 7 月被提升为副总裁，距离 2004 年他作为实习生进入百度不过 9 年光景。李明远晋升之后仍然负责百度移动业务，显然这一次提拔的指向性很明确。还有一点也值得注意，2010 年李明远曾在百度与日本电商巨头乐天成立合资公司后不久，选择"负气"出走，成为 UC 产品副总裁。2011 年 11 月，在与李彦宏两次长谈后，李明远又被"请"了回来。

在移动互联网领域，百度也斩获频频。2013 年底，百度一共有 14 款移动产品用户数过亿，"亿级俱乐部"成员不断在增加，其中手机百度客户端用户突破 4

亿。与腾讯的微信一枝独秀不同，百度不同形态的产品势均力敌。按照百度的说法，其已经在移动端初步形成了移动搜索、应用分发、LBS 和移动视频四大入口。要知道在年初，百度的移动端还基本是荒漠化的。

但需要注意的是百度出现如此狂飙猛进的状态，有太多的因素来自于外敷，即广泛的并购，特别是对 91 手机助手的收购。2013 年 8 月 14 日，李彦宏亲赴福州与网龙公司签署收购 91 无线的最终协议。10 万元人民币起步的 91 手机助手，最终卖出 19 亿美元。百度如此高度重视 91 并开出天价，业界的评论中大多有一个共同的观点：百度总算给自己买来了一个移动互联网的入口。

百度的两个老对手腾讯和阿里巴巴几乎在同样的时间内，大肆并购、暗挺着各种移动互联网企业。比如在 2014 年初，“杀”得如火如荼的打车大战背后就蕴含着腾讯和阿里在移动支付领域的竞争。

然而，百度压根就没有能力参与，它的并购还停留在给自己找一扇大门，并拉上一堆和产品线联系不紧密的小伙伴们。并购去哪儿整合旅游类垂直搜索，并购 91 增强轻应用，并购 PPS 增强爱奇艺……这些增强型的并购动作实际上都是在构筑防御工事。而它的老对手们则已经在自家的移动互联网大门口，为进入者兴建更多的“景观带”了，有自建的，也有买来的。

比起以前只是用无形资产来做布局，百度在移动互联网时代的进步，可以说是一日千里。这也是没办法的事，百度必须靠花钱来完成渡过传统互联网和移动互联网之间大河的“深度学习”：狼性（敢下水）、布局（找石头）、谋略（找节奏）、稳重（稳步前进）、攻击（善于竞争）和生态（互相搀扶）。

有人调侃百度的窘境：在 PC 时代，霸着入口的百度占尽了便宜，甚至逼得阿里禁止百度搜索来保全自己。而在移动互联网时代，电子商务、社交网络变成了入口，搜索引擎在有了众多 App 直达后，用处变得越来越弱了。BAT 之间，发家的业务开始变得“成也萧何，败也萧何”。

2014 年中期阿里成功上市后，在 BAT 三巨头的局面里，百度以不到 800 亿美元的市值远远落后于腾讯（1800 亿美元）和新科状元阿里（2400 亿美元）。差距的鸿沟在不断拉大，这也是三者在移动互联网水平上落差的直接体现。

内服、外敷的方子显然没有为百度带来更多的饥饿感，甚至于自家的头牌搜索业务也遭遇到了更加狼性的周鸿祎领军的奇虎 360 公司的狙击。360 搜索"上架"之时，从百度那边挖了不少的墙脚，主要是人员，而不是份额。

或许百度 90%的 80 后员工中有不少人难以消受这种富贵病，既然在百度里找不到挑战，只好出去饥饿一把。

1.3.3 "打鸡血"还是重新创业

做技术出身的李彦宏时刻被危机感所笼罩，百度自身也是，但在大企业疾病难以治愈的现状下，他又该如何谋划布局呢?

注入更多的新鲜血液是一个选择，但李彦宏并不打算在百度已达 3 万员工的庞大体量上再增加过多的负担。为此，他推出了不少新的人才计划。

轻应用就是一个人才计划。尽管这看起来似乎是百度想要重新定义移动互联网应用模式的一步棋。基于搜索的移动互联网应用，在黏性不足的情况下，李彦宏想要换一道菜，但主厨并不是懒散的百度自己。

收购 91 之后不久，李彦宏立刻推出了轻应用概念（指的是无需下载、即搜即用的全功能 App），把移动搜索海量的长尾需求分发给年轻的开发者们。百度给出的蛋糕是开发者在接入轻应用这个开放平台后，除了能获得大量分发和用户以外，还能借助百度的强大技术支撑，赢得更好的用户体验。当然，更重要的还是能让年轻的开发者们赚到钱，这一切看起来很像苹果应用商店的众包模式。用外部创业者的狼性来提高百度的活力，似乎是一个不错的选择。

"通过购买关键字，我们找到用户，用户使用服务并获得良好的体验。"平安业务负责人容俊彦对媒体谈到在轻应用的试水体验时，也透露出了百度的图谋：

还是延续 PC 端搜索引擎的模式来赚钱。“这样的应用分发，看起来轻了，较之原生 App 技术难度也低了，但对于年轻创业者来说，竞价排名更难而且价格高昂。”一个移动互联网创业者如是说。

通过外部来“打鸡血”似乎出现了阻碍，另一个注入新鲜血液的方法开始浮出水面。百度选择的路数依然是由外及内。

据媒体报道，百度 91 于 2014 年 5 月正式启动了“内部创意孵化机制”，并开出总额高达 10 万元的奖金扶持优秀创业项目。活动开展至今已收集到 108 个创意申请，而这些项目中的佼佼者将成为百度 91 后期孵化的重点项目。在外界看来，这次内部创业很有象征意义：“与腾讯等基地型孵化路线不同，百度 91 所做的能力型孵化器，受机构性质、人力资源等因素约束较小，初创企业的价值增值与其利益息息相关，因此理论上成功几率更大。而相较于百度根深蒂固的互联网发展史，百度 91 的移动互联网氛围更为浓厚，也更适合移动互联网创业项目的培植。”这段颇具深意的媒体评论本身或许也有百度自身的意见在其中。

从外围小伙伴处进行突围，进而引发百度老员工的垂涎与饥饿感，形成由外而内的二次创业，正如前述评论所说的，理论上成功几率更大。

在推出轻应用之后，百度进一步加码。2014 年 9 月 3 日，轻应用及其相关新产品的话题再次在企业和开发者中被引爆。在当天召开的“2014 百度世界大会”上，百度推出了一整套面向传统行业的移动互联网生态解决方案——直达号。这一次，百度想要建立 O2O 体系，形成自己在移动互联网上的独家入口，如图 1.6 所示。

在百度的战略版图上，新的构架已经谋划好了。过去，轻应用主要运用在百度移动搜索，直达号则覆盖了地图等平台。百度希望借助 O2O 这个还没有形成真正入口的移动互联网方向，重建自己的话语权，并继续通过外部“打鸡血”的方式来修补自身富贵病带来的种种问题。

图 1.6　百度轻应用

“至少这一次面向的用户更乐意花钱了。过去只是面向开发者，面向有众多应用分发平台可选择的创业者，积极性不高是可以想见的。而传统的地面商家，此刻都在找进入移动互联网的入口，加上过去百度地图的黏性，都为直通号加分不少。”业内人士戏称，“人傻钱多速来！百度这次似乎真的找到门了。”

可问题是百度内部的脂肪肝，似乎还是没有找到有效的方子治疗。而不断加“外挂”的方式，一旦不奏效，将有可能演变成百度新的脂肪堆积……

1.3.4　理科生的越界烦恼

化繁为简，来看看百度越界的纠结所在。当然，这只是一家之言，其中不足或错误之处还望指出。

“创立百度源于我作为一个技术人员的梦想，这个梦想就是用技术来改变世界，改变普通人的生活。”这是 2005 年百度创造“中国不打折”的美股神话后，李彦宏当选 CCTV 中国经济年度人物发表的获奖感言，而这句话鼓励了很多年轻人，也始终鼓励着李彦宏自己。

不过这后来也成为百度在跨界战争中的惯性思维。从只有 5 名正职技术人员的小公司成长为员工人数超过 40 000 的中国互联网技术创新主阵地，百度变大了，但心没变，跨界一方面是战略性的，另一方面则是技术性的。

一个程序员朋友曾经说电子商务从 IT 技术层面上来说并不是很高深，一个普通技术员花上几天就能建个站，弄个电商平台出来。搜索引擎的算法才是真正的高技术含量东西，不然为什么谷歌和百度都要把算法锁紧保险柜里。

这其实就是理科生的视角，也是百度早前玩电商的逻辑，简单的技术好办，建个站就行了。但电子商务领域最关键的不是技术，而是服务。“给个好评哦，亲！”这样的吴侬软语，对于硬邦邦的百度来说多少有点不适应。

这从百度内部津津乐道的一个名为“鸡翅门”的事件可窥一斑。

2012 年 7 月 24 日早上，李彦宏向全员通发了一封二季度总结邮件，却忘写了标题，触发了百度产品技术部传统的鸡翅法则。员工们立刻在内网上盖楼嚷嚷着要他请鸡翅。中午李彦宏回复道：“8 月 8 号请大家吃鸡翅”。整个百度公司都沸腾了！

冷知识

鸡翅法则指每天每个百度人的邮箱里至少会躺着上百封新邮件，当一封邮件没有标题时，一来看上去很像垃圾邮件，引不起大家的重视；二来每个人邮件都很多，需要在第一时间对所收的邮件做出判断，不写清楚会影响收件人的注意程度。

这个法则据称仅限于百度技术部内部使用。所以当时内网很多人表示求鸡翅时，李彦宏的回复是：“鸡翅文化好像仅限于产品技术部。好吧，为了表示我还没有脱离产品和技术，我就从了！”40 秒之后李彦宏再次发帖说：“8 月 8 好请大家吃鸡翅，@our 2nd summer party！”也许是因为发得太快，其中“号”字被误打成了“好”。

因为李彦宏把“号”打成了“好”，还有人贴出百度内网截图继续爆料，有员工针对李彦宏的错别字继续“发难”：“又有错别字哦，加倍请吧。”李彦宏对此回复称：“不是我爱写错别字，是百度输入法不给力呀。”为此，百度输入法的官方微博当天发微博表示压力很大："百度输入法躺着也中枪，被老大李彦宏调侃，被众人关注。为了鸡翅，这次也要拼了！话说 8 月 8 号西二旗（百度大厦所在地）鸡翅会不会压力好大？"这个看起来很欢乐的事件，其实也透着股程序员、技术宅们的恶趣味，你感觉到《生活大爆炸》中谢耳朵的节奏了吗？

百度为什么跨界到电商和搜索引擎最近的领域时变成了越界，程序员思维是一个潜在因素。一种过于强调技术规范，而忽略用户体验的运营模式。换言之，就是理科生心中那种过于倾向于技术化的理想模型，而把实验室的"高精尖"当作了大众必然想体验的"家常菜"。反观互联网领域，许多跨界的成功案例，并没有多少特别值得称道的技术含量，比如说 OTT 机顶盒的智能盒子，更大程度上只是一个没有屏幕的安卓手机（屏幕变成了电视机）。毕竟搜索引擎技术含量再高，对于用户来说，只有一个体验，就是能够搜索、能够一键找到自己想要的东西就行，算法有多先进，用户搞不懂，也不需要知道。

投身移动互联网，百度是不得已为之，不然以后吃饭都可能是个大问题。但一开始，移动互联网上的各种应用还偏向于低技术含量，理科背景的程序员对此稍有不屑，也就难免迟缓。

高手出招，总想着有个合适的对手。百度初始没有饥饿感，其实也在于此。后面有了饥饿感，一个原因是利诱的激励；另一个原因是随着移动互联网技术的成熟，百度的员工们有了技术层面上的挑战感。当然，还有其他的原因。这一点从筷搜这个产品上，能看到不少影子。

2014 年 9 月的百度世界大会上，李彦宏在主题演讲中总结了一年来移动搜索的发展趋势时，顺势推出了一个移动搜索智能硬件——筷搜，如图 1.7 所示。其实在当年愚人节，一段"百度筷搜"的视频曾引发一场"舌尖上的搜索"热议和一连串的转发，而起源正是这双可以智能甄别食材安全的"筷子"。随后该产品的正式发布表明了这其实是百度工程师开的"一个认真的玩笑"。

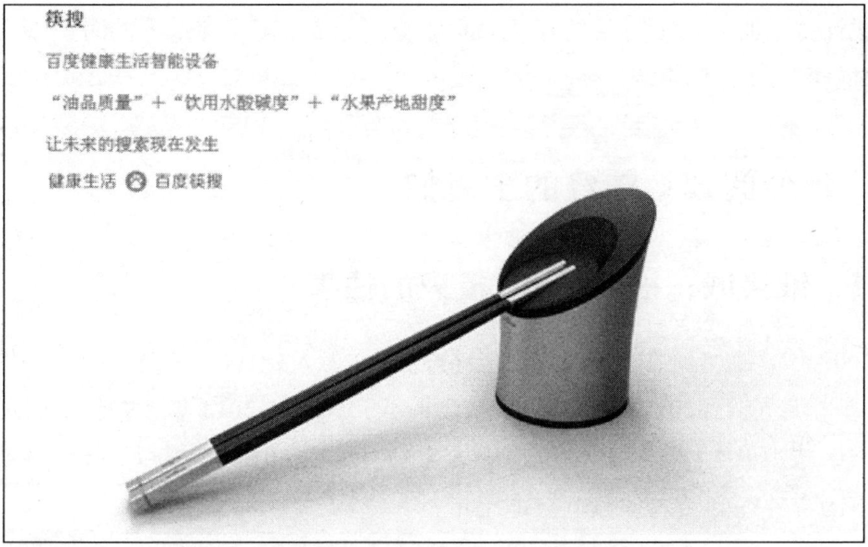

图 1.7　看着就很像玩具的筷搜

筷搜分为筷子和筷托两部分，看起来和普通的筷子没什么差别，但其集成了各种传感器，可实现一系列物理指标的测量，可以智能检测地沟油、饮用水酸碱度、水果甜度、品种和产地等特色内容，可连接智能手机，随身携带使用。这是筷子吗？NO，这是程序员的新鲜玩具，有技术含量，有很多噱头，还很时髦，比银针试毒好玩多了，就是看着不太实用。

如果换成文科生思维，又该如何呢？愚以为消费者不会关心你有多么高深的技术，也不需要知道地沟油的成分是哪些化学物质。消费者就只想知道用百度筷子的时候，吃到地沟油，筷子顶端会不会嘟嘟嘟的报警或闪烁。会，我要，不会，还要我用手机连上 App 等半天？菜都凉了。

这其实是一种用户思考和小白体验，也是时下许多互联网大佬们开始转变的方向，比如周鸿祎，他对杀毒软件的颠覆除了免费以外，就是减少了许多用户无需知道的技术界面，简单到“一键杀毒”就 OK 了。技术的事，工程师来办，体验的事，用户享受。技术化的“理科生”和体验化的“文科生”之间的差别其实就这么简单。

或许文理兼修对于时下的互联网企业更有意义，至少在跨界的时候不会因为“挑肥拣瘦”而变得越界……

1.4 延伸阅读：曾经的王者们

1.4.1 维络城：被 iPhone 覆灭的往事

2008 年，维络城在上海滩坐拥会员近 200 万人，1000 多台终端机一年吐出 2000 万张优惠券。2011 年，维络城实现收入过亿元。2014 年，曾经一时风头无两的维络城优惠券打印终端彻底退出了市场。早在 2013 年 2 月，维络城就已经和嘀嗒团合并，创始人张毅斌被迫出走。

城已破，城中的人也消失了。曾经是优惠券代名词的维络城，创造了优惠券精准投放新蓝海的维络城，如流星一样快速划过天空，曾经的辉煌黯然消散。对于它的折戟沉沙，业界有一句最为经典的揶揄：“一个 iPhone 攻陷了一座城！”

用固执来经营一座“城”

业界的这句揶揄，并非没有来由。曾经和维络城进行同质化竞争并推出 Q 卡的分众传媒，在 2013 年结束该项服务时曾经给出过一个借口：“在中国越来越流行的手机 iPhone 上没有地方可以像其他手机那样挂上套件或链子，这使用户的手机和卡出现‘机卡分离’局面。”

这是一个借口，同时也是一种真实情况的描述，iPhone 象征的其实是智能手机和移动互联网浪潮，而维络城和它的同行们，恰恰是这个浪潮席卷之下的牺牲品，如图 1.8 所示。

图 1.8 维络城“通行证”去哪了？

维络城曾经创造了优惠券投放的蓝海，这得益于它的创始人张毅斌的坚持。2006 年，当时的张毅斌还是华东师大的研究生，他发现了一个被大多数人忽视的事实：街头派发的各种优惠券大多变成了花花绿绿的垃圾，没有被真正消费。于是，他有了一个大胆的想法：设计出可以打印优惠券的终端机，如同 ATM 机一样遍布人群聚集的各个角落，商家可以在上面发布打折信息推广品牌，用户可以通过 RFID 射频识别卡片获取优惠券，终端机运营商则主要通过向商家收取广告费来实现盈利。

2006 年，这个名叫维络城的终端机在张毅斌颇具拼搏毅力的坚持下终于问世。很快，市场给予了空前的响应，如图 1.9 所示。理由很简单，这个机器真的能够带动销量。维络城的出现让销售形成了短链，让消费者从被动收券变成了主动选券，并且在消费最前端实现精准发券，这使得其终端打印的优惠券回收率达到 30%，而街边发放的优惠券的回收率通常只有 5%。

图 1.9　曾经的商场标配

维络城开创了一个十分彻底的蓝海，这个蓝海的开创自然和张毅斌的固执分不开。张毅斌的固执表现在许多方面，在维络城发展初期，这种固执是一种极具价值的体现。媒体曾经采访过维络城的一个老员工，他表示张毅斌有很多新奇的想法，尽管有些点子一时不能落地，但他依然想方设法去执行，最终达到自己想要的结果："维络城起步时，如果不是他坚持不懈地研制机器，无数次敲开商家的门，也就不会有这样的创新。"

在蓝海中，固执或许会因为庞大的市场潜而被充分消解，但在危机中如果固守陈规，会让这座"城"的经营变得难上加难。这就是所谓的造"城"易，守"城"难。

移动互联网攻"城"

维络城的蓝海，一直都没有变成红海。尽管维络城面对着分众、钱库、一点优惠等模仿者的市场切分；尽管维络城的终端机一直没有和同行一样升级为触屏，固执地保持着 15 个商家品牌 LOGO 的小灯箱老式按钮服务；尽管灯箱租赁价格一直比同行高，且在同行们都对消费者免费发卡的前提下，维洛卡总是在收费，但这一切都不足以影响维络城的扩张。中国的市场足够庞大，需要派发优惠券的商家足够多，这两个足够就足以消解因张毅斌的固执所带来的负面影响。

然而蓝海不一定要变成红海，它也可以消失。

张毅斌并非不敏锐，他是国内最早成功利用大数据成为销售转换的高手。张毅斌为维络城设计了两个数据库，分别管理用户信息和用户行为。通过数据统计，维络城能迅速获取最受欢迎的产品和最没销路的产品信息，对用户的消费行为也能一目了然。张毅斌宣称：“一个火锅店得知明天有雪，决定促销，只要前一天晚上告诉我们，第二天优惠信息就会出现在维络城的终端上。”

2011 年移动互联网来袭，张毅斌依然坚持自己的固执。精确的数据库与迅捷的执行力，使得维络城比传统广告更加精准及时，而且比线上营销更靠近消费者和消费场所。维络城综合了线上与线下的优点，又避开跟两者的直接竞争。张毅斌的这种观点多次出现在媒体上，也成为维络城在移动互联网时代的发展准绳。

维络城的考虑很简单，电子优惠券在维络城问世之前就有了，麦当劳、肯德基曾经尝试过，消费者网上下载打印，费时费力，最后还不一定形成消费，因此构不成威胁。

O2O 梦想破灭

然而，移动互联网的各种 APP 直接越过了上述环节，消费者使用手机领取的优惠券代码逐步取代了纸质优惠券。商家可以通过这些 APP 应用低成本甚至零成本地发放优惠券，其原理是基于地理位置的 LBS 应用，这完全实现了过去靠终端机构建的销售前置和短链。

面对这种窘境，张毅斌很固执地强调：“我们是一家线下的优惠券服务公司，移动互联网也可以跟进，但是主力还是做好线下。”

维络城不是没有进行过尝试，2011 年，维络城曾与 F 团进行合作，用户可以通过维络城终端机下单，到商家直接支付。这是一次 O2O 的成功尝试，可当时“线下为纲”的维络城却只是将此当做浅尝即止的单项合作。

面对免费大军，维络城的入驻成本、打印成本、维护成本、机器成本等诸多问题开始爆发，客户流失日趋严重。维络城资本方开始清场，2012 年 10 月，张毅斌不再担任维络城 CEO，离开管理层。2013 年 2 月，维络城正式宣布与嘀嗒团合并，新公司名称仍然是维络城，嘀嗒团的名字作为独立品牌保留。

O2O 似乎成为拯救维络城的最后一根稻草。但当初和 F 团合作的窗口期已经过去，“千团大战”的硝烟已经散去，嘀嗒团这个曾经前十的团购网站也早是明日黄花，加之维络城的终端缩水到了 2 位数，线上和线下的合作已经没有了基础。

2013 年中，维络城推出手机 APP 维络 e 券，将优惠券与银行卡相关联，想要从移动支付中突围而出。此时，维络城已没实力如阿里巴巴和腾讯那样花费数亿请全民“打车”来推动这项业务了。

2014 年，嘀嗒团宣布于 3 月 31 日正式关闭团购业务，维络城的 O2O 梦想也破灭了，它的未来被画上了一个大大的叹号。

维络城的启示

一个从蓝海中快速成长的企业最终出局，最大的失败在于它的固执。

首先，维络城拒绝试错。分众在投放 Q 卡后很快发现了市场风向，勇于叫停，并宣称这是一次试错。而维络城却一直拒绝试错，固执地沿着自己的蓝海前进，在最有可能成为 O2O 践行者的时代，选择放弃线上，盲目地扩张线下。

其次，维络城不是没有创新，但创新的目标是闭关。张毅斌是一个很有理想的创业者，但在创业成功后，他和他的维络城走向了故步自封的处境。在张毅斌眼中，创新是一直存在并很成功的，维络城终端机是创新，大数据应用也是创新，乃至各种维洛卡的亲民造型也是一种创新。除了能够直接给维络城终端机和打印优惠券带来好处的创新外，其他的创新都可有可无。这种固执的创新理念，最终导致了维络城的倾覆。

再次，维络城扮演着一个独行侠的角色。在维络城的发展历程上，合作其实是一个很没有意义的名词。它的服务往往是单向的，只是为企业提供展示、广告和打印优惠券的平台。面对移动互联网的进攻，它依然是独行者，和 F 团的合作只是一次“游戏”。之后和嘀嗒团合并双方也依然各行其是，没有实际业务上的互补。

这或许是张毅斌给维络城带来的一种性格，一种特立独行的企业文化。在蓝海状态下，它是资源的垄断者、掌控方，矛盾不会爆发。但在蓝海消失，要快速切入其他领域求生之时，孤独的狼是难以存活的，它需要其他领域企业的“帮衬”。如果维络城早一步和团购网合作，早一步融入到各种 APP 中，形成线上线下一体的 O2O 格局，让电子优惠券和进卖场打印券形成互补，让优惠券免费，消费转换成功后分红，也许一切都会不一样。

1.4.2　宏碁：迈错的第一步

宏碁再一次走到了自救的地方。2013 年宏碁第三季度财报显示，公司在季度内大幅亏损新台币 131 亿元（约合 4.4 亿美元）。同时，宏碁董事长王振堂宣布在 2014 年 1 月卸任 CEO 职位。

为了扭转颓势，宏碁成立了变革委员会，并由宏碁创始人施振荣领导。曾两次挽救宏碁的施振荣，希望第三次再造宏碁。戴尔重出最终把 DELL 私有化了，鲍尔默也从微软离职，PC 时代的老帅已经没有了昔日的荣光，只有柳传志重出把联想拉回了正轨，施振荣还能把宏碁带出泥淖吗?

命中赌定上网本

2004 年，王振堂从施振荣手中接过宏碁，他给自己制定的目标是“在三年内将宏碁打造成为全球排名前三的电脑公司”。三年后，宏碁以全球销量 431 万台、市场份额 6.8%顺利攀升至全球第三名，这是王振堂最辉煌的时候。2009 年，借助上网本，宏碁战胜了戴尔，成为全球第二大 PC 巨头，这是宏碁在 PC 行业取得最好成绩的一年。

上网本是在2009年传统互联网与移动互联网正面交锋中一个很奇怪的产物。它很像便携式笔记本，但体积重量更小，性能也略差，关键是价格便宜。此外，它拥有移动互联网的特征，依靠不错的电池性能，比笨重的便携式笔记本有更长的使用时间。上网本凭借和PC一样的使用环境，比刚刚冒头的智能手机、平板电脑更符合用户的使用习惯。

宏碁正是看中了上网本这一跨界优势，在攀越巅峰的最后一步上，把所有的力气几乎都投在了这里。当时的首席执行官兰奇就多次对外强调，公司的生存智慧是在智能手机与笔记本市场中间的交融地带。言下之意，这个交融地带正是上网本。

上网本的表现没有让宏碁失望。根据IDC数据，2008年，全球上网本出货超过1000万台，2010年更是超过3300万台，而宏碁上网本出货份额一度超过这一市场的四分之一。王振堂极其自信地认为上网本代表着3C融合的开始："上网本就是PC与手机的汇流，比任何智能手机都复杂强大。"

如此骄人的战绩，怎能不让宏碁倾其所有成为上网本的王者，继而成为PC市场的主宰？很多宏碁人在当时都这么认为。更为重要的是上网本里透着宏碁自创始以来就没有改变过的企业性格。一个以代工起家并闻名的企业，一直都将低价作为其取胜的核心法宝。

这几乎是台湾IT企业的固有模式，采用简单的战略进入全球电子产业，一切手段失效后便降价。在PC时代，台湾的IT企业只需要仰仗微软和英特尔之力，通过它们提供早期的芯片设计和操作系统升级，以"代工"模式组装出低廉的产品即可占有市场。宏碁无疑是将这一点发挥到极致的企业。

但上网本最终将这种"代工"的性格优势和缺陷展现得淋漓尽致。在崛起初期，上网本的外部环境还是传统的PC时代，所以一路高歌猛进。之后PC时代开始向移动互联网时代变革，此时与主流笔记本应用模式没有根本区别的上网本，虽然提高了出货量，但并没有帮助宏碁建立一种类似苹果的平台化商业模式，反而还因为低价策略拉低了它的利润率。

问题的关键在于宏碁没有核心技术，在移动端时代，仅仅靠廉价的“代工”组装只能沦为打工仔。别说是宏碁了，就连上游的英特尔和 AMD 也都没躲过苹果带来的冲击，整个 PC 业哀鸿遍野，多个巨头纷纷转型，或走上移动战略，或开始专注企业市场，就连在上网本上获益甚多的同行也开始退出，随着上网本的首倡者英特尔改变战略重心，以超极本对抗 iPad，2011 年底戴尔宣布退出上网本市场，2012 年 2 月联想公司也宣布停止销售上网本。

但此时宏碁依然在坚持，固执地坚持着。在同行退出的同时，宏碁在德国的一次展会上继续推出上网本新品，甚至预计年出货可守在 400 万台左右。但市场并没有更加青睐这种坚守，当越来越多的人抱着智能手机和平板电脑行走时，上网本彻底成为了明日黄花。

直到 2012 年，宏碁高层还固执地认为虽然发达国家用户已经将兴趣转移至超极本，但是上网本在新兴市场的出货量还在增长，宏碁将维持其 45%的全球市场份额。他们还乐观地估计上网本和超极本将在未来 18 个月至 24 个月内融合到一个领域中。当然，这一切至今都只是个梦想。2012 年 9 月，王振堂还在表示上网本未死，他们将继续生产该产品。

宏碁对上网本的支持远超业内任何一个厂商，上网本的荣辱最终也在宏碁身上得到了最为极端的体现。之前为了冲击 PC 宝座而展开的一系列并购，也成为宏碁滑落的一大致命因素。这和宏碁第一次被再造时何其相似。

移动赌局是怎么错失的

2011 年宏碁最大的新闻不是王振堂的复兴计划，而是和宏碁前 CEO 兰奇有关。在闪电离职之后，兰奇很快转投联想，在接受媒体采访时他曾明确表示，离职是因为自己与宏碁董事会在战略层面存在分歧，并直指宏碁在移动终端领域动作过于缓慢。他似乎忘记了在 2009 年苹果的 iPhone 已呈现火热态势时，他曾公开表示不感兴趣。

宏碁方面的表态似乎也和兰奇前后矛盾的陈述相印证，正是因为对智能手机和平板电脑业务不重视，兰奇被宏碁董事会解聘。由于兰奇从宏碁处获得了离职退休金约为 12.84 亿新台币，创下了全球 PC 企业高管离职补偿的最高纪录，因此宏碁对兰奇加盟老对手联想提起了诉讼。

是非黑白已经不再重要。不可否认的是在王振堂复兴宏碁的计划中，移动终端已经成为很重要的一个环节。

当年为了挑战惠普，王振堂开始在 PC 之外做了一些尝试，相比其他竞争对手，他更早预测到了移动终端的潜力。早在 2008 年，他就以 60 亿新台币并购了台湾倚天手机。然而，这只是王振堂 PC 大战略的辅助手段，数年之后，曾经略有声势的倚天手机早已不见踪迹，宏碁手机仍处于试水阶段。即使是两款被宏碁寄予厚望的手机，王振堂依然用缺席手机上市仪式的方式表达了自己的不看重。

当然，王振堂有自己的解释，他认为手机市场竞争过于激烈，只有少数厂商能够赚到钱，宏碁后发进入并不能保证盈利，所以要保有核心技术谨慎对待。显然，智能手机并不是宏碁认为有必胜把握的移动赌局，王振堂看中了另一个移动终端——平板电脑，这个比智能手机更容易发挥宏碁的代工品质。王振堂的战术很简单，将 PC 的低价策略复制到平板之上。

2011 年 2 月，在兰奇还未离职时，王振堂放出豪言壮语："安卓平板电脑将削弱苹果 iPad 的市场统治力"。宏碁的平板电脑在当年三四月份上市，目标是拿下平板电脑市场 15%~20%的份额。

押宝平板电脑，价格定位也日趋清晰起来。2012 年初，王振堂判定该领域的高端、低端市场分别被苹果和亚马逊统治，宏碁将专注于价格在 299 美元至 499 美元的中端价格市场，这一市场出货规模在 1000 万台至 2000 万台。随后两年，平板电脑的确有了更深入的发展，宏碁也在这个市场分得一杯羹，但这仅仅只是获得了一些救命钱而已。价格定位是宏碁的一道硬伤。

业内分析指出，在智能终端领域，品牌认知度是宏碁最大的劣势，也使得中端价格定位在消费者面前基本不受认可。之后虽然回归老战略，推出了最低价的平板，但竞争对手也马上跟进推出相似机型，宏碁仅有的优势无法长期维持。更重要的是在押宝平板电脑的赌局中，宏碁没有表现出如过去对待上网本的固执，反而不断游移，这根源于宏碁骨子里的 PC 企业精神。

2012 年 8 月，王振堂公开批评微软计划在 10 月份发售自主 Surface 平板电脑，这将对计算界的“全球生态系统造成负面影响”。言下之意其实是指“软”饭的微软突然来“硬”的，在 PC 衰退的日子里直接威胁过去小伙伴们的活路。久未发声的施振荣也极为罕见地发出了对微软的威胁：“我们可以帮微软，也可以帮 Google 或其他人打仗。”

如此表态的根本原因在于微软的 Win8 被视作是 PC 行业新的希望，陷入泥潭的宏碁希望通过 Win8 的到来一次性解决智能手机、平板、笔记本三种平台，重新找回 PC 大佬的感觉。

宏碁依然想做 PC，最低限度也是长得像 PC 的 Win8 平板。这种想法或许没错，但对宏碁来说，到底是安卓还是 Win8？是平板还是 PC？随时变换的高层思路已经让它在业绩低迷的日子里凌乱了。

老帅能否定军山

据台湾媒体报道，王振堂在宣布去职时颇为伤感。他表示面对 PC 产业变局，宏碁无法走出困境，为了让公司可以脱胎换骨，他于 2013 年 5 月起便向董事会请辞董事长以及 CEO，也让董事会正式面对接班的问题。

施振荣只能第三次复出，业界将此与其老对手联想柳传志在 2009 年的复出进行对比，评价为“灵魂人物”以其强大的号召力、独特的个人魅力振兴企业士气，提高凝聚力。施振荣对外也为宏碁的第三次再造打气，变革是企业永续经营的常态，未来他将根据之前两次推动宏碁再造的经验提供意见，希望让未来的组织再度建立起“新宏碁文化”的基因，并且能一代一代传承下去。

老帅上演《定军山》折子戏，军心略定，但战略却依然不明晰。老将施振荣的最大难题或许不在于产品的选择，而在于能否对自己以及同代台湾 IT 人塑造的台湾 IT 企业品格进行自我否定式的改造。

一个不容忽视的事实是在台湾的 IT 公司内部，设计师必须围绕工程师提出的需求进行设计。这与苹果、谷歌等新兴 IT 企业内部正好相反，这恰恰是“代工”与“独创”的区别：找到一个产品，以更低的成本制造出来，寻获大笔订单，然后再寻找另外一个产品重复这个过程。

这是施振荣等老一代台湾 IT 大佬创造的 IT 公式。对于消费者的情感喜好需求来说，他们更偏重于价格，偏重于性价比，上网本如此，平板亦如此，而这恰恰是以宏碁为代表的台湾 IT 企业陷入败局的关键所在，也是大陆同行们举步维艰的窘境所在。

宏碁新任 CEO 陈俊圣 2014 年 1 月 1 日走马上任后，曾放出要挑战联想的豪言，被业界视为将价格战进行到底的又一次决斗宣言。可预见的是宏碁的第三次再造已然开始，而且将持续相当长时间。

第 2 章
"屌丝经济"淘不到的宝——阿里巴巴

阿里巴巴在纽交所上市时，被人们称为"中国时刻"。那天，马云和他的小伙伴们都穿着同样的彩绘 T 恤衫，前面写着"梦想是一定要有的"，后面写着"万一实现了呢"。

时间定格在 2014 年 9 月 19 日，阿里巴巴以 250.2 亿美元的融资额成为史上最大规模 IPO，马云一举以 218 亿美元的总净资产成为中国新首富。15 年前诞生于一幢民宅的公司，一个自诩样貌是"外星人"的英语教师以及市面上各种"马云说"的读物，给这一刻添加了许许多多的光环。

然而，真正值得注意的是一句话："梦想是一定要有的，万一实现了呢。"其实这指向了互联网思维的一个核心奥义，去掉励志的色彩，用标准术语来解读就是两个字——试错。

有钱而且任性的阿里巴巴一直在试错，跨领域跨行业地试错，百折不回，其实这本身也是互联网行业的常态。

不过比起标榜做“屌丝网游”的巨人史玉柱，阿里系其实才是真正的“屌丝经济”，只不过它并不承认这点，当然，成功也“屌丝”，失败的时候也“屌丝”。

2.1 免费是万应灵药吗

阿里巴巴到底有多大？2013 年的一期《财经天下》周刊曾经有一段非常形象的描述：来玩一个游戏，在中国上网，但不与阿里巴巴发生关系。要做到这一点，你必须克制上淘宝的冲动，不用最大的团购网站美团网，不在手机上用 UC 浏览器，不刷微博，不用高德地图（它提供 50%的地图基础信息），出门不看墨迹天气，不听虾米音乐，甚至不用陌陌交朋友……

这就是阿里，而且在 2013 年之后，这个描述又可以进一步扩展，比如理财不用余额宝，打的不用快的打车等等。在敲钟上帝那一刻，阿里已经成为一家横跨电商、金融、无线通讯等领域，旗下有 10 余家公司，员工数量达到 24 000 人的庞然巨兽。阿里没有像同样频频跨界的腾讯那样被看做是门口的“野蛮人”，是因为阿里的跨界与腾讯相比，两者的成功案例差不多，但成功的程度不太一样。腾讯的微信、游戏都做到了行业首屈一指，甚至是一家独大，而阿里的跨界即使做到了第一，也和第二名的差距不大。

但这些都不是最重要的，马云在 2014 年的互联网大会上曾说过：“我创业十多年来最大的心得体会就是永远去思考别人是怎么失败的，哪些错误是这些人一定要犯的。”

下面我们一起探讨下马云和他的阿里巴巴有哪些失败经历，曾经支撑起阿里大厦的第一根互联网思维支柱——免费，是否引发过失败案例？

2.1.1 消失的平民化软件

2010 年 3 月 2 日，阿里巴巴集团旗下的阿里软件对外发布了一条公告：“亲爱的阿里软件互联平台用户，感谢大家对阿里软件的长期支持。前期我们对阿里软件业务进行了重大的调整，后续 Alisoft 网站也将进行重新规划和设计。经过慎重考虑，我们将于 2010 年 4 月 30 日起关闭阿里软件互联平台并终止提供相关服务……”阿里软件的消亡对于公众来说，几乎没有带来半点涟漪，彼时业界对阿里的关注都集中在“大淘宝”战略上。

2010 年 3 月，阿里宣布成立大淘宝战略执行委员会，其成员分别是来自淘宝、支付宝、阿里云计算和中国雅虎的高管，以确保“大淘宝”战略的成功执行。所谓的“大淘宝”战略是指淘宝网从一个网店平台向电子商务基础设施平台转变的过程。说得直白点就是淘宝要从过去的以 C2C 为主向以 B2C 为主转型。阿里对此信心十足，并宣称该战略执行后，将为中国创造超过 100 万就业机会。

在这样一个背景下，也许没有多少人注意到阿里软件，但这并不代表它不重要。曾几何时，阿里软件被看做是阿里巴巴和马云冲击市场的一把利剑。

2007 年 1 月 8 日成立的阿里软件是阿里巴巴的第 5 家子公司，马云用“达摩五指”来代表旗下的 5 家分公司：阿里巴巴、淘宝、支付宝、中国雅虎和阿里软件，如图 2.1 所示。

图 2.1　马云的达摩五指

在成立之初，马云一直努力让外界相信阿里软件 3 年后将成为中国最出色的软件公司。结果 3 年后的 2010 年，阿里软件败走麦城。

早在一年前，2009 年 8 月，口碑网从中国雅虎剥离出来注入淘宝网时，马云曾经宣称要做“中国本土搜索第一”和“电子商务第一”。计划独立上市的中国雅虎的主要业务之后步入没落之路。曾经的达摩五指断了 2 指。不过这一切被阿里巴巴和淘宝高歌猛进的电子商务业务掩盖。

达摩五指是马云曾经设想过的理想电商模型：消费者从搜索（中国雅虎）开始，完成网上采购（淘宝网），用电子支付平台（支付宝）完成交易，借助阿里系物流公司（阿里巴巴曾入股“星晨急便”物流公司）完成整个交易和交付过程。

这是马云心中的商业闭环，而阿里软件是其中一个极为关键的连接点，担负着打通整个链条的艰巨任务。在宣布成立的发布会上，阿里软件曾一下子公布了 4 款软件，分别针对企业管理和即时通讯领域。其中企业管理软件针对用户生意范围划分提供了外贸版、内贸版，以及单独为个人网上交易大卖家定制的 C2C 版本，此外还有面向企业和电子商务用户即时通讯领域的阿里旺旺。阿里软件的目的是树立当时最时髦的 SaaS 这一概念。

小知识

SaaS 和以进销存和财务软件为代表的管理软件相比，突出的是在线软件理念，是一种通过 Internet 提供软件的模式。厂商将应用软件统一部署在自己的服务器上，客户可以根据自己实际需求，通过互联网向厂商定购所需的应用软件服务，按定购的服务多少和时间长短向厂商支付费用，并通过互联网获得厂商提供的服务。

当时的在线软件市场是一个蓝海，计世资讯的报告显示 2007 年中国 SaaS 市场的规模为 157.5 亿元。对于阿里的电子商务市场规模来说，这个蓝海其实很小，不值得一挖，但阿里为什么还要费力去投资开发呢？

马云布局阿里软件有一个很关键的背景。用当时阿里软件总经理王涛的话来说就是：“以进销存和财务软件为代表的管理软件在中小企业只有 10%的普及率，绝大部分中小企业认为它还是奢侈品、技术活，软件的表面成本只是冰山露出的一角。”这凸显出了马云的目的，即淘宝的主要目标客户群体——中小企业。而王涛的谋划则更具淘宝特色——让中小企业用户先试用软件后购买。阿里还附带抛出了极具诱惑性的条件：如果一家企业每年传统管理软件的使用成本是 10 万元的话，那么阿里软件的使用成本将只需数千元。

免费试吃，低价任吃，这类活动都有着极强的目的性。免费试用软件也是同样的道理，即把企业电子商务和管理软件结合起来，从而让阿里的电商帝国产业链深度植入到企业的管理层面上，让管理软件平民化，让每一个阿里的客户都能够用上阿里的管理软件，最终也只有在阿里的产业链上才能实现完美匹配，发挥最大功效，形成深度锁定，一键直达，其效果不言自明。

据说这个梦，马云做了 5 年，阿里软件之前的布局时间长达 3 年，而且还试运营了 1 年。另外为了确保成功，没有软件经验的阿里巴巴和马云一上场就放大招，给阿里软件一个亿的投资，并牵手微软，在阿里的 SaaS 上注入移动计算、数字家庭终端和基于 Office 的丰富用户体验技术。

这些动作很快给阿里软件带来了显著的“业绩”：以大众最熟悉的阿里旺旺为例，阿里软件成立当月底即宣布阿里旺旺的同时在线人数已突破百万，直逼 MSN 在华用户数。根据阿里软件 2007 上半年运营中心数据显示，阿里旺旺已成为最具价值的即时通讯工具之一，每位用户平均每天创造 615 元交易额。iResearch 报告显示，阿里旺旺用户月均消费为 1364.6 元，而 QQ 用户月均消费为 1139.3 元。2007 年 7 月 26 日，阿里软件旗下商务 IM 阿里旺旺群总数突破 50 万个，再次刷新互联网上商务性及时交流社区的总规模数，而该群组功能也仅仅只发布了半年时间。该数字已经超额完成阿里旺旺原定的 2007 年全年计划数。此刻的阿里旺旺已经超过许多前辈，成为腾讯、MSN 之后的第三号即时通讯软件。

马云对此成绩十分满意，并在不同场合高调宣称阿里软件在 2007 年底就能实现盈利。然而，他期盼的这一幕并没有发生，尽管表面上据易观国际的《2007 年第 3 季度中国 SaaS 市场数据监测》显示，刚刚出道还不到一年时间的阿里软件以占中国 SaaS 市场 63.7%份额的绝对优势稳居行业第一，成为中国 SaaS 行业的领头羊。但对于当时大多数企业来说，在线软件服务与奢侈品般的传统管理软件相比还太过时髦。

2.1.2 时髦的免费思维

之后，阿里软件不断推出各种大餐来吸引企业“试菜”。留给阿里软件的时间还很充裕，毕竟在 SaaS 领域，尽管有很多对手，但没有谁比阿里更懂网络。

传统软件企业包括用友、金碟、神州数码都开始在 SaaS 领域发力，但举步维艰。过去的庞大客户量成为它们进入新领域的包袱。客户使用传统软件需要付费，而现在 SaaS 直接颠覆了这一概念，费用低至千元甚至是免费使用，这让“用友们”进退维谷：如果跟上去就等于得罪了那些已经付费的老用户；但不跟上去，新客源挖不到，老客户也可能会流失。

阿里软件没有给对手更多的时间思考，它们决定放出更大的招数——免费。

2007 年 7 月，阿里软件宣布外贸版产品可以“免费试用”长达半年的时间。2007 年 10 月阿里软件和方正科技携手，在方正商祺电脑中预装免费试用半年的阿里旺旺和中小企业版电子商务软件……一系列免费策略让阿里软件尝到了用户大规模增加的甜头。在间歇性免费策略已经不太管用之后，2009 年 4 月，阿里软件投资 10 亿元向中小企业推广管理软件“钱掌柜”，并承诺 3 年免费使用，其界面如图 2.2 所示。

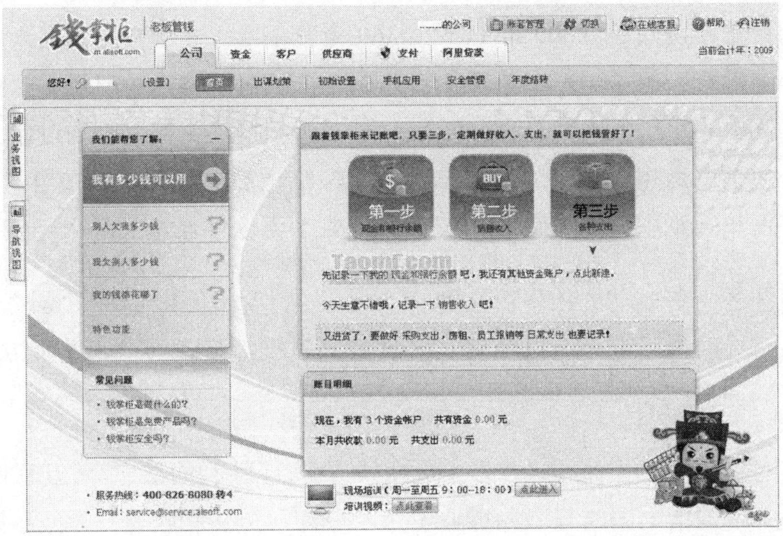

图 2.2 钱掌柜界面

在“钱掌柜”的发布会上，王涛还特意提到一个词：“新思维”。他说：“只有中小企业生存地好，我们才能够谈得上发展。我们投入十亿元的巨资，发起管理反转的免费主题风暴，掀起第一次免费的浪潮，我希望我们能给中国的软件行业带来新思维。”

这一幕其实在软件领域曾经发生过，一点也算不上什么新思维。2005 年，营销狂人史玉柱带着他的第一款、也是迄今最成功的一款网络游戏《征途》杀入势力范围基本划定的游戏市场。为了占领市场，史玉柱打破了游戏规则，抛弃点卡，采用了游戏免费而游戏中的道具收费的商业模式。此举立刻将当时的游戏领域霸主盛大、网易等逼到了角落里，之后的结果是游戏公司一个接一个地宣布免费，包括当时最火爆的、一直是点卡付费的《传奇》。

就在阿里玩免费的同一时期，还有另一家互联网企业成功地运用免费策略打开了杀毒软件的市场大门。2006 年以前的网络安全市场中，江民、瑞星和金山等群雄并起。当时还在走反流氓软件路线的奇虎 360，并没有引起杀毒大哥大们的多少关注。2008 年 7 月，奇虎推出的 360 免费杀毒的测试版在市场中并没有引起多大的反响，这更让杀毒界对奇虎和它的董事长周鸿祎没有了多少担心。

周鸿祎曾经说过："2009 年 11 月，360 免费杀毒正式版推出，别人以为又要放哑炮，结果我们放了一颗'原子弹'。"在免费试用杀毒三个月后，根据艾瑞数据显示，360 杀毒已经跃居安全市场第二位，百日内"攻克"电脑过亿。而之前反复抨击免费就是自掘坟墓的瑞星、金山，最终也被迫免费。2010 年 7 月，360 安全中心发布《互联网安全免费白皮书》宣告杀毒软件已全面进入免费时代。

之后许多免费成功的故事仍在继续上演，如百度地图以免费策略成功将昔日的王者高德导航拉下马……以免费对抗收费似乎成为互联网企业进军传统 IT 领域最快捷的通道。

其实对于阿里巴巴来说，免费曾经也是它获得胜利的法宝。《互联网安全免费白皮书》中曾指出国内互联网行业发生了三次"免费和收费"大战：第一次是 263 收费邮箱和网易免费邮箱之争，第二次是 C2C 电子商务领域的淘宝免费和 eBay 收费之争，第三次则是 360 免费杀毒和收费杀毒软件之争。"每一次战争都以免费的胜利告终，并且带来更好的产品，更优质的服务以及更强大的商业模式。"时任 360 公司总裁齐向东说。

然而，阿里软件的免费大战却没有获得成功。仅仅在宣布免费 2 个月后，2009 年 6 月，阿里软件总裁王涛对媒体表示云计算和 SaaS 在中国发展至火热至少还需要 5 年时间。2009 年 7 月，王涛离职。1 年后，阿里软件"消失"。

有人认为阿里软件的免费大戏是被用友和金蝶这两个冤家联手给搞黄的。依据是在阿里软件"钱掌柜"推出的前一周，金蝶旗下的友商网抢先推出免费管理软件"储钱罐"，两者的产品功能、目标对象几乎一致。

和"南金蝶"起名的"北用友"对阿里的免费攻势采取了固守的态势。用友高级副总裁兼伟库网总经理杨祉雄曾高调表示："免费是自杀，是非理性的，收费是对客户的承诺和保证。用友策略不会摇摆，一直不免费，以后也不会免费，有利润企业才能存活"。但用友实际上并不仅仅只是固守。据坊间说法，在阿里软件成立前后，马云曾经向用友抛出过橄榄枝，但用友不为所动。最后没有软件基础的阿里只能购买成都一家小软件公司网构作为阿里软件的前身，业界许多人认为阿里起步的这一棋太臭，所以最终才会失败。

但这并非阿里免费策略失败的关键。阿里非常清楚自己的弱点在哪里，这一漏洞也在其财大气粗的厚重实力下得到了有效的修补。2008 年 7 月，阿里软件公布了名为“123”的五年战略，其中包括三点内容：第一，计划向在线软件服务商投资 10 亿元，其中阿里软件投入 1 亿元以上，其余由 20 家 VC 机构出资；第二，五年内实现 200 亿元的平台总收入；第三，五年内扶持 30 家软件开发商具备上市资格。

言犹在耳，五年之期未到，阿里软件已经烟消云散。2009 年阿里云成立，之后阿里软件的原有业务被并入阿里研究院的云计算平台。2013 年，阿里云计算公司总裁王坚对媒体表示：“阿里过去的失败教训就是以后不再失败，阿里云不做 SaaS，重点打造飞天平台。”

免费败给了谁？用户。

2.1.3 用户：万应灵药，也有万一

除了免费和资本，阿里其实还有更多的优势，比如平台。

对于用友和金蝶来说，免费策略会伤到老客户，如果开发 SaaS 则需要面对一系列问题。据一位软件业资深人士分析：“阿里软件的免费表面上是针对传统软件企业，但根本目的是为了 SaaS 平台战略的开展网罗人气，借助外贸版的推广进一步扩大这个全国最大软件运营平台的承载能力。”王涛指出阿里软件运营平台能确保上百万人同时在线使用，用网络游戏的方式运营软件。

上百万人同时在线，这就是互联网企业的底气，也是习惯单兵软件的传统软件企业所面临的很大技术壁垒。而做着淘宝这样一个强大电商运营平台的阿里，这方面的经验非常丰富。这其实也是阿里软件早期进军 SaaS 时，用友和金蝶“放弃”该类市场的原因所在：一来用友和金蝶内部尚需进一步挖潜，与其做个半成品的运营平台，不如等时机成熟再出手；二来可以乐观其成，等阿里软件培育好市场，再出手也不迟。

不过阿里的免费策略一出，用友和金蝶就坐不住了，尽管后两者在付费软件领域依然信心满满，但套用马云的那句名言——万一实现了 Saas 的发展呢？

有人指出阿里的免费失败在于其不彻底，没有宣布终身免费，也不是全线产品免费，但这依然不是问题的关键所在，尽管指不定哪天开始收费的阿里软件确实让用户的心有点悬着。一言以蔽之：用户、体验。请注意，中间有个顿号。

先说用户。免费策略确实是万用灵药，但也有一万零一的可能。回顾互联网企业使用免费策略大获成功的案例；免费邮箱、免费开店、免费游戏、免费杀毒、免费地图，其盈利模式主要是免费背后的增值服务，这一点没有任何问题，阿里软件的免费思维也会如此扩张，但目标群体是哪些呢？

上述成功的免费策略，其目标受众大多指向一个群体——普通大众。对于大众人群来说，免费具有极强的诱惑力，而且对于普通人的核心需求来说，免费产品的服务已经非常足够了，但企业并不包括在内。上述免费策略之外，也有针对企业的付费企业邮箱，企业级杀毒软件，还有针对不同需求的更高等级地图，这些可以说是增值服务中的一种，有别于满足普通人使用需求中比较特别的那些需要付费的服务。

阿里软件的免费策略从一开始就是针对企业级的，而对于一个企业来说，如果是好产品，几千或几万的费用并不是问题，只要能换来更大的效益。在此基础上，能够保持同样水准的产品，才会开始考虑价钱，免费当然更好……

阿里的免费策略从一开始就用错了地方。当然，阿里也明白这一点，所以它将 SaaS 的定位放到了比较低的位置上——中小微企业，对价格较为敏感的一类群体。免费策略出台后，王涛于 2009 年 4 月甚至宣称阿里软件只服务于中小微型企业。

但阿里免费策略的效果不佳，因为免费扩大客源的同时，还存在体验问题。再看看体验。“管理软件阵营做电子商务是破釜沉舟，电子商务阵营做软件是得陇望蜀。破釜沉舟者切忌刻舟求剑，得陇望蜀者谨防朝三暮四。前者不能以软件思路去运营互联网，而后者不能因为是非核心业务就不够坚持。”职业经理人王冠雄在担任金蝶旗下友商网市场总监时如此评价 SaaS 之战。王冠雄的身份很有意思，之前他曾经是阿里软件的市场总监。尽管没有直接发表局中人的见解，他却一语道出了问题所在。得陇望蜀意味着得到自然最好，破釜沉舟则是绝对不能失败。

在比大众体验高出很多等级，更需要定制化的企业体验方面，阿里软件显得心有余而力不足。从阿里“钱掌柜”和金蝶“储钱罐”两个免费理财软件的比拼就可见一斑。两者都立足 SaaS，主要面向中国市场中最底层的、数量庞大的个体工商户、微型企业、网店老板等客户群体。功能上都针对小微企业、个体账目简单的特征，提供只需按收支两条线简单记录日常业务的流水账，不需要记标准会计和业务账便可管理业务资金的流向问题，帮助小微企业和个体轻松理财。

仅仅只是比“储钱罐”慢一周发布，“钱掌柜”之后的发展便颇为不顺。金蝶此举先发制人确实有意为之，这主要是因为阿里软件一贯高调的免费策略过早地泄露了“钱掌柜”免费的底牌。但更重要的是金蝶长期积累的软件经验和品牌让技术不过硬的“门口的野蛮人”也难以野蛮生长。阿里用来打响免费头炮的拳头产品，竟然轻易地被对手“克隆”，其技术含量有多高也就可想而知了。更不要提其他更讲究系统性和专业性的管理服务软件了。

即使阿里软件全系免费，而且包括增值服务也免费，以更好地培育电子商务产业链上的企业，结果也难免如此。

金蝶友商网的冯颉在面对阿里的免费攻势时说的一句话，可以视为一种有效观点：SaaS 企业只有回归企业服务本身才能最终赢得用户的尊重。免费确实能够赢得用户，不过能否赢得企业级的客户尊重，就另当别论了。

在阿里离场之后，金蝶和用友纷纷全力深耕 SaaS，到 2010 年末，据中国电子商务研究中心数据显示，在中国管理型 SaaS 市场份额方面，金蝶友商网占有 23.5%，用友伟库网 19.7%，江湖上已经没有了“阿里哥”的传说。

对了，还剩下一个阿里旺旺，足够强大，强大到很多用户一边用 QQ、微信聊天，一边等待着旺旺上的生意提醒，这是深度绑定，也是用户、体验。

说句玩笑话，QQ 是聊天，也是工具。而旺旺是工具，偶尔聊天。结果是用户买不买单很重要。

2.2 “屌丝经济”真的大有可为吗

阿里巴巴上市之前，被争议最多的产品不是电子商务，而是互联网金融。可以说，作为中国最成功的理财产品，余额宝从问世至今一直很“屌丝”。无论是作为运营者的阿里巴巴，还是数以亿万计的支付宝用户。相对于常见的“高富帅”理财工具来说，余额宝一直很业余，哪怕是在 2013 年 11 月 18 日成为国内首支千亿元规模以上的基金。

2.2.1 “屌丝”让余额宝成功

余额宝的出世正好踩准了一个金融节点，或者说它特意选了一个“黄道吉日”登场，这使得它一问世就名声大噪。

2013 年 6 月 17 日，余额宝正式上线。支付宝和天弘基金联合宣布，余额宝的用户数截至 2013 年 6 月 18 日晚 9 点 30 分已经突破 100 万。通过余额宝，用户存留在支付宝的资金不仅能拿到“投资收益”，而且比银行活期存款利息的收益更高，一度成为媒体的焦点，如图 2.3 所示。

巧合的是，2013 年 6 月以来，银行间市场资金紧张局面愈演愈烈。在多重因素的叠加之下，出现了持续一个月的“钱荒”现象，越接近 6 月 20 日情况越剧烈，并在 20 日当天达到高潮：隔夜拆借利率盘中一度攀升至 30%，当日 7 天回购利率最高也达到 28%。银行“钱荒”了，这让公众对银行长久以来的信任突然跌落在了尘土中，也在很大程度上加速了余额宝在市场上的号召力。

图 2.3 银行别怕?

“现有金融体制难以支撑今后 30 年中国的经济发展，需要搅局者进入。”2013 年 6 月 2 日，在上海举行的“外滩国际金融峰会”上，马云演讲的开场白即是这句。

可以说余额宝选择 6 月登陆市场，原本就是有预谋的。尽管无法预计钱荒情况如此严重，且余额宝作为一个理财产品本身不可能催生出钱荒，但 6 月本就是银行头寸短缺的时段，这早已不是秘密。

从季节性因素来看，6 月份是商业银行考核二季度贷存款规模的时点，短期存款冲规模导致市场资金更加紧缺，资金成本上升在所难免。加上 6 月底至 7 月初又恰好是准备金缴款和财政缴款的时点，流动性上收也会在一定程度上加剧市场的资金紧缺。因此，余额宝早已看准了时间，只是没想到出手时恰恰遭遇了钱荒这个大浪。以至于一段时间内，有人直指阿里是钱荒的幕后推手。马云和阿里巴巴挑选的“黄道吉日”，让余额宝的第一声啼哭因为成功的营销节点而惊天动地。

但这并不足以让余额宝真正走向成功，真正让余额宝成功的是众多“屌丝”。

余额宝问世前的一个大背景是中国老百姓缺少足够的投资渠道，银行存款的利率很低，较为通用的投资渠道主要为两个：一是股票交易，虽可以小额资金进入，但风险极大；二是房地产投资，尽管保值性强，但需要相对大额的资金支持。

对于中产以上阶层，其储蓄与消费能力尚能在这两大渠道中作出一定选择，但对于支付宝用户中的主体——数以亿计的淘宝用户来说，其本身闲钱并不多，且投资能力薄弱，有数据显示其中七成都是理财门外汉，如果有一个便捷、信誉强的投资渠道，风险低于股市，入市资金低于楼市，收益高于银行，并较常规理财产品更易操作，则极受该类投资者的亲睐。

余额宝正是在这一背景之下，以上述优势成功吸纳了原本存在支付宝中用于网购的小额闲钱。之后的市场结果也证明了阿里巴巴对市场把握的准确，据统计，余额宝平均每个账户有 3300 元，属于典型“小散”性质。

余额宝改变了以往第三方支付平台的功用，用户不用临时将资金从网上银行打入到支付宝中为购物做准备，更无须在收到款项后，为从第三方支付平台到网上银行动辄一两天才能转账完成的“路途”发愁。随时可以完成资金在余额宝和支付宝中的存储、支出功用，使得余额宝的灵活性远远超过了以往的投资形态。

方便、保值和自由，让余额宝在不到半年的时间内充分发挥出了金融版的长尾定律，将众多平民的闲散资金以一分一厘的形式汇聚成了千亿规模。尽管到此时，阿里巴巴在理财产品方面依然是业余选手；尽管到此时，大多数余额宝用户依然没弄懂余额宝怎么赚钱，依然是理财的门外汉，但不用看懂任何金融数据的他们却实实在在赚到了比银行存款利息更多的钱。有数据显示，余额宝每天向用户分享的收益超过 1300 万元，累计分享收益 7.88 亿元。

余额宝成功了，它成功地在第二个“黄道吉日”为自己积累了足够的人脉和经验。

2013 年 11 月 15 日，《中共中央关于全面深化改革若干重大问题的决定》全文公布。《决定》提出扩大金融业对内对外开放，在加强监管的前提下，允许具备条件的民间资本依法发起设立中小型银行等金融机构。该决定还要求“发展普惠金融，鼓励金融创新，丰富金融市场层次和产品”。

而在此之前，苏宁透露将和多个基金一起发布类余额宝产品。2013 年 10 月 28 日，百度金融首款理财产品“百发”上线，在 4 个多小时内，销售已超过 10 亿元。2013 年 11 月 18 日，搜狐推出历时 8 天的“抢钱节”活动，并同步推出在线理财产品……

金融政策的革新和大量类余额宝互联网金融产品的涌现，促使国内金融市场走向了互联网金融时代。当时业界已经有一种声音，即阿里巴巴或将成为第一个互联网银行。2013 年 9 月 27 日，全国人大财经委副主任、原央行副行长吴晓灵亦在 2013 中国金融创新论坛上表示，第三方支付最有基础成立新型银行。

余额宝和之前的支付宝业务无疑是阿里巴巴进入互联网银行的一块试金石，余额宝是一种金融版的长尾定律体现，支付宝这类第三方支付平台也同样如此，都是将长尾状态下的闲散资金予以聚集，通过互联网（无论是 PC 端还是移动端）提供较之传统金融更为快捷的服务。

整个互联网金融时代，恰恰都将沿着长尾定律这一互联网特有法则向前发展，并且下一个趋势将把互联网的垂直化特征运用于金融之上。

在目前有限的政策空间内，已经有了一定的垂直化金融服务趋势，如易宝支付 CEO 唐彬曾表示:“2005 年的网络游戏行业在互联网的带动下呈现出蓬勃发展之势，易宝支付看中了这个时机，开始布局数字娱乐行业，为游戏运营商提供支付服务，满足网友多种多样的支付需求，从此开始涉足行业支付。”这成为易宝能够进入一线阵营的关键，也成为近来互联网金融服务拓展的新领域。

支付宝、汇付天下、快钱、阿里金融、快付通等第三方支付企业，均已涉足小微企业的信贷服务这一领域，通过与银行等传统金融机构合作，或者自立门户成立小额贷款公司，这些第三方企业正成为支持小微企业发展的新锐力量。

这一领域一直是传统金融的弱势环节，不过却成为了互联网金融在传统金融的红海之中找寻到的蓝海，也成为一直很平民的互联网产业最强大的武器。

2.2.2 别处买不到的神话

互联网金融的成功，其实都可以浓缩在余额宝这一个产品上，或浓缩成一句话——提供别处买不到的商品。余额宝恰恰就是忠实地实现了这一核心内容走向了成功，而且是其他类余额宝产品不可复制的成功模式。

背靠淘宝上庞大的用户族群和由众多小额闲钱聚沙成塔的海量资金，借着投资渠道匮乏的现实环境和投资理财无门的现实渴望，余额宝拥有的种种先天优势都是传统金融服务和其他类余额宝产品所不具备的，也正因为如此，余额宝针对自身用户特征，为不懂理财的“屌丝”们提供了傻瓜式的理财服务，并在服务中充分保障了“散户”们购物、保值、储蓄等多种互联网金融需求。

其他类余额宝产品要想突围，就必须提供和余额宝“同而不同”的定制化理财服务，如百度的“百发”可能会走向将支付平台和现有的搜索引擎、推广平台打通，直接为第三方提供从流量引导到购买支付的一站式服务，提高其搜索引擎的变现能力，同时也形成类似余额宝一样的保值功能。

互联网金融服务中的各方必然会走向这种结合自身现有产品独有优势，进而提供“别处买不到的商品”的模式。当然，传统金融也会深度加入到互联网金融中，找到自己的独有定位和传统优势，并开始施展逆袭策略。

同样的，其他各行业的互联网思维也会逐步发展，尤其是面对红海竞争越来越激烈的时代，这是通往蓝海的唯一坦途，甚至是某种程度的互联网化。如目前陷入困境的出版业，面对互联网阅读体验的挑战，在推出各种互联网阅读产品却难以扭转困境之时，亦开始找寻属于自己的“别处买不到的商品”，并对互联网产品进行了相关改造。一个被反复引用的案例是海燕出版社，它和 Rye 香港公司达成合作开发少儿有声读物意向。2012 年，其上架的 20 本互动少儿类有声读物在 App Store 上总下载量超过 10 万次，总收入超过 4 500 美元。这个案例的关键点在于有声图书具有实体书难以提供的阅读体验。安徽少年儿童出版社则走得更远，它和联想智能电视合作，开始尝试打造以阅读和可视为特征的儿童社交网络平台，并可能会开拓免费阅读、玩具、幼教产品付费等周边市场领域。

这些都是没有出版社专业背景的普通互联网阅读产品难以实现的弱势环节，亦是出版社在互联网环境下有创新价值的突围路径。这和余额宝以别处买不到的商品特质，杀入竞争对手腹地的战略相似。

但真的仅仅靠屌丝们就能成就互联网金融吗？答案是否定的。

中国的金融市场中有一个很不好的传统——将事件神话化。余额宝诞生后的每一个信息点都是神话的契机。

余额宝的亮点之一在于对用户的最低购买金额没有限制，一块钱就能起买。支付宝的用户绝大部分都是没有太多理财经验的年轻人，这群人是支付宝的目标。这也符合阿里巴巴一直以来坚持服务二八定律中那沉默的八成人的思路。

小知识

二八定律又名 80/20 定律、帕累托法则（定律），也叫巴莱特定律、最省力的法则、不平衡原则，被广泛应用于社会学及企业管理学等领域。帕累托从大量具体事实中发现：社会上 20%的人占有 80%的社会财富，财富在人口中的分配是不平衡的。之后，人们发现生活中还存在许多不平衡的现象，二八定律成了这种不平等关系的简称，不管结果是不是恰好为 80%和 20%。（来源：百度百科）

因为余额宝内的资金能随时用于网上购物、支付宝转账、缴费等支付，所获收益又比银行活期存款高。在诞生之初，支付宝对外宣传，同样一万元，通过活期存款一年的收益只有 35 元，而通过余额增值服务一年的收益可以达到 380 元至 400 元以上，收益比活期高出十倍。

别的不用说，光是这个收益高出活期十倍的信息点，在“钱荒”背景下，余额宝足以对大众产生巨大的诱惑力。

对于基金公司来说，最容易实现的神话收益在于一旦加入余额宝，就可以让神话的光芒照耀自身，让自己更多地得到投资者的信任。据说余额宝上线后，不日就有 20 多家基金公司蜂拥而至，主动寻求合作。

在余额宝的宣传与被宣传中，都有意无意回避了一些更为关键的信息点。余额宝归根到底是一个理财产品，任何一个理财产品的收益和风险都是相对的。简言之，就是这世上没有稳赚不赔的买卖，包括余额宝。

对于投资风险，余额宝的解释是货币型基金主要投资于国债、银行存款等安全性高、收益稳定的有价证券，2012 年国内货币基金 7 日年化收益率平均约为 3.8%；总体来看，货币基金作为基金产品的一种，理论上存在亏损可能，但从历史数据来看收益稳定，风险极小。对此有人表示，从余额宝宣称一年 10 万元的本金投入获得的收益达 4000 元来看，银行理财产品也基本能实现。其神话中放大的点，其实只是欺负大众对金融外行而已。

只是，在余额宝的“包装纸”上，总是有意无意地透露出稳赚不赔的含蓄色彩。毕竟，余额宝背后还有一个偌大的阿里做靠山，这也是投资者的潜在信心指向。因为大众的资金找不到安全的地方存放，神话才会如影随形。但神话也存在破灭的一天。2013 年基本保持七天年化收益率在 6%～7%高位的余额宝很快在 2014 年迎来了各种“破”。

破 6：2014 年 3 月 3 日，余额宝七天年化收益率回落至 5.9710%，自 2013 年 12 月 25 日以来首次跌破 6%。微信理财通、百度百赚等互联网理财产品的收益率也都处于持续下滑区间。

破 5：2014 年 5 月 11 日余额宝收益“破 5”之后持续下跌，距上次余额宝七天年化收益率“破 6”仅 70 天。

险破 4：2014 年 6 月底下破 4.5%，随后在 4.1%左右徘徊。到 2014 年 12 月，余额宝连续几日在 3.875%位置徘徊，业界预测其七天年化收益率即将破 4，但最终在 12 月 15 日爬回收益率 4.088%。

余额宝领衔的各种宝齐齐跌下神坛，但它依然还是屌丝们的首选。2014 年，尽管余额宝的“6”时代一去不返，年化收益率约为 4.83%，但依然高出活期存款利率 4.48 个百分点，年化收益超活期存款 12.8 倍。

余额宝作为一个理财选择，尽管不再充满神话色彩，但也是首选之一。

2.2.3 伪 OTT 的本质是众筹

因为成功，余额宝和其他各种宝们被齐齐赞誉为是继微信之后，互联网思维 OTT 的完美体现。

小知识

OTT 是“Over The Top”的缩写，是指通过互联网向用户提供各种应用服务。这种应用和目前运营商所提供的通信业务不同，它仅利用运营商的网络，而服务由运营商之外的第三方提供。目前，典型的 OTT 业务有互联网电视业务、苹果应用商店等。（来源：百度百科）

有数据统计，在余额宝增长达到 1500 亿的 2014 年 1 月，银行的人民币存款减少了 9402 亿元规模。而腾讯 1 月上线的类余额宝产品微信理财通，据称在春节后规模就已经突破 500 亿元。

在大众赞叹互联网金融的神奇魔力时，央视证券资讯频道执行总编辑兼首席新闻评论员钮文新给这份热度泼了盆冷水。他曾猛烈抨击余额宝，称余额宝冲击的是整个中国经济安全，是趴在银行身上的“吸血鬼”，是典型的“金融寄生虫”，应该取缔。

余额宝这类互联网金融产品，究其实质不是真正意义上的 OTT，因为如此高的收益率并非来自投资，其很大程度上只是钻了银行为了揽储而出现的存款利率“漏洞”。网上一段关于银行和互联网的犀利答问形象地说明这一问题：互联网人士称余额宝要颠覆银行，银行人士回答说余额宝不是创造新产品，没有开辟新领域，也没绕开现有银行体系。余额宝们把钱从银行账户里转走，通过货币基金绕一圈后又以大额存单存回银行。银行俨然就是帮助各种宝创造互联网金融奇迹的始作俑者，这能怪谁？只能怪银行自己，哪怕利率提高的今天，这种剪刀差依然存在，就给予了各种宝机会。

以上问答解答了人们内心的疑问，余额宝的收益从哪里来？而钮文新的炮轰在一定程度上让人们对各种宝在并没有明显看到基金投资效果，到底能否维持如此之高的收益率，确保极低投资风险的疑惑得以化解。当然，这十足是一个类似二十二条军规的黑色幽默。

如果银行在根本上无法解决收益剪刀差的问题，各种宝将会得到更多的生长空间。而钮文新等寄希望于上级监管部门及时采取相关行动，可能像早前移动运营商那样，希望通过迫使微信收费的方式解决 OTT 问题，不过实际上难有下文。

摆在互联网金融面前的麻烦依然不小。疯狂掠夺银行存款的余额宝们，支持打车应用烧钱大战的移动支付们，已经拉开了互联网金融的大幕，但问题在于干得火热的互联网金融们一旦揭去神秘的面纱，露出盈利的本来面目时则不再充满神话色彩。就如余额宝们的盈利本源所在那样。

一个必须要搞清楚的概念是互联网金融只是利用互联网的构架让传统的金融模式获得更广泛的、更自由的衍生，并能够在更多的场景中得到应用。所以需要特别注意互联网金融并不代表互联网一定赚钱，它的投入和风险同样巨大。

但这并不能阻止众多互联网公司杀入互联网金融这个战场，就如当年的视频网站、团购、App 一样。而目前可实现的互联网金融项目主要是以下三类：

一是类余额宝式的投资理财产品，这是用户增值业务，难点在于如何保持高回报来确保客户不流失。如果无漏洞可钻，靠基金进行各种投资和投机，其高增长率和风险状况都难以预测。另外此类模式需要有雄厚的原始积累，目前家大业大的余额宝、微信理财通等依靠第三方支付平台支付宝和财付通才有此实力，并已形成先发优势，而像巨人、百度等产品则更接近于打酱油水平。

二是正在借打车应用烧钱买用户的移动支付们，这是用户付费项目。这块天地目前看来，同样是“财大气粗”的阿里系和腾讯系的天下。不过其他公司可以借助 O2O 模式，以接地气形态辅助移动支付形成更多的支付场景，如万达、友阿等百货公司，或者是一些生活服务 App 如电影购票、餐饮团购等。如何选择和移动支付建立互通口，而不是自建一个全新的移动支付平台将是未来的互联网热潮。但一个关键的问题是移动支付目前的普及度虽然经过打车大战得到了提高，但能够实现的场景依然有限。

三是出现在 2012 年前后并没有太多发展的众筹平台，这是用户投资和创业的项目。由于成长缓慢，这个领域互联网巨头渗入较少，也缺乏较理想的项目，但目前如刚刚成立百天的中国梦网，开始进行诸如比特币众筹项目、公益众筹以及一系列准行为艺术如众筹买婚房、脱口秀众筹等，获得了不少社会关注，成长速度也大为提高，这说明国内的众筹环境已经得到改善。不过这方面的问题依然不小，缺少创新产品的中国创业环境，使得国内众筹目前更像是电视创业秀的网络版。

综上，从本质上来说，无论互联网金融在未来出现何种全新的项目类型，其实际上都是一种宏观众筹，即利用互联网平台（无论是传统互联网还是移动互联网）的便捷性和可操作性，最大限度地吸引屌丝参与其中。不像过去传统金融更注重大客户的形态，互联网金融以聚沙成塔的形态将小额资金变成一个长尾，从而形成互联网金融的长尾效应，实现在理财和消费两个方面的核聚变。

2.2.4 只有金融没有思维

互联网金融必然会对涉及金融的各个领域带来极大的影响，只是它依然逃不过传统金融在投资、理财上的固有瓶颈。

互联网金融产品特别是投资理财类产品受到屌丝们如此欢迎，关键就在于它是中国的投资理财环境长期压抑下的一个总爆发。在国内，对于普通人来说，投资理财的渠道受到极大局限，大体上主要投资范围是稳定但收益不高的银行存款，可小额入市但风险极大的股票市场，收益相对较高、风险相对较小但需大笔资金投入和较长回报周期的房地产项目。

显然，互联网金融在投资理财上许下的收益率和安全性承诺言让对金融完全业余的屌丝们找到了自己的蓝天，也极大地吸收了众多社会游资。除了将“散户”聚成“大户”，互联网金融实际上并没改变金融行业的实质，理财投资依然是按照最传统方式进行，只是让钱换了个储藏柜罢了。

以各种宝为例，如果没有银行剪刀差的漏洞存在，其维持高回报的唯一方式只是更多地让利于民，通过薄利多销的方式获得用户。而随着投资市场的波动，高额的回报可能将难以恒定保持，用户的信任也将随之破灭。移动支付们则更悲催，其盈利前景尚没有展开，它不仅不能像各种宝那样空手套白狼，还要烧上数亿资金为打车应用收揽用户，靠“抢红包”来培养用户习惯。

在互联网金融没有完全找到自己的定位和盈利模式前，超高速膨胀的用户规模和日益火爆的互联网思维神话其实就是一颗最为危险的定时炸弹，一旦出现金融风暴、国家政策调整或其他不可预知的市场风险，它可能瞬间就会被自己聚集起来的巨大雪球引发的雪崩淹没，更会被人们的口水淹没。

毕竟互联网金融还没有自己的独创思维，它所采用的手段不过是将传统金融的那些不为屌丝所熟悉的“套路”网络化，而不是进行了创新。较之团购、App等大热之后跌落尘埃的互联网项目来说，互联网金融幸运的是碰对了中国大众的心理，但它依然很像一个互联网泡沫。

阳光底下没有什么新鲜东西，对于互联网金融来说同样适用。

2014 年 3 月，阿里巴巴推出新的理财宝宝——娱乐宝，打出“拿出 100 块，就能当电影出品人”的宣传语，并向投资人作出了 7%的年化收益率承诺，阿里方面声称娱乐宝并非当前流行的“众筹”概念。对于屌丝们来说，宝宝的光环已经没有了，当电影出品人这种假设又太过遥远，娱乐宝的出世后的业绩不算太轰轰烈烈。而在业界人士看来，甭管你怎么装，其实就是换了个马甲的众筹而已。

再说了，屌丝们大多也不好拍电影这口，就算是出品人，潜规则也排不上号，如图 2.4 所示。

2014 年，根据官方说法，娱乐宝共对外发售了两期投资项目，其中包括电影《小时代 3》、《小时代 4》、《狼图腾》、《非法操作》和社交游戏《魔范学院》等在内的首期四个投资项目全部售罄，融得资金 7300 万元，共有 22.38 万名用户参与投资。同样，包括《露水红颜》、《绝命逃亡》、《边缘线》、《老男孩》、《魁拔 3》5 部电影的娱乐宝二期也被 16 万粉丝抢购一空，募集资金达 9200 万元。尽管数字看起来真心不错，但比起余额宝当年轻松过千亿的美景来说，形势不在一个档次上。

图 2.4 娱乐宝的高收益竟然不顶用了吗

当然，这是阿里另一个跨界布局的开始，并不是为了筹钱，而是为了插足影视圈，给屌丝们放个信号弹试试反应。

2.3 阿里的小伙伴们

玩屌丝经济的阿里还有更多的谋划布局，为此它吸纳了数量众多的小伙伴们加盟，从阿里系衍生的或相伴相依的小伙伴有许多，这里无法一一论及，下面我选择了几个有特色的案例进行分享。

2.3.1 淘品牌："屌丝"挚爱的悲伤

俗话说："不经历风雨怎能见彩虹。"温室里长大的淘品牌面对线上、线下突如其来的狂风骤雨，能否"淘"出生天？

2013年"双十一"促销战中，相比传统品牌，淘品牌的销量和受关注度显得黯然失色。根据淘宝方面统计，在天猫单店销售排名前十中，杰克琼斯、骆驼、罗莱等传统品牌占据九席。在细分行业的各类TOP10中，仅有13家天猫原创品牌入围。而在上一年的"双十一"活动中，淘品牌大放异彩，其业绩和表现让世人惊讶。

虽然女装项目中，裂帛、茵曼、韩都衣舍跻身前三甲，但这也难掩淘品牌的整体失意。在淘宝策略转向、扶植力度变弱的今天，淘品牌是否真的逐步走向末路了？淘品牌突围之路又在何方？

淘品牌何以萎靡？一言以蔽之，败在无品牌效应。虽是屌丝的挚爱，但并不代表有品牌效应，或许仅仅只是销量上的数字体现，难以持久。

作为淘宝电商大战略推出的尖兵，淘品牌从诞生伊始就笼罩着迷人的光环，为了品牌的宣传创造了许多耳熟能详的词汇，比如秒杀。在2011年的"双十一"活动中，109家淘品牌在当天的成交额为3.356亿元，占整个淘宝商城10%，平均单店的成交额是308万元，这在某种程度上可以被看做是淘品牌兴盛的象征。但当传统品牌集体触电互联网进入网上领域后，淘品牌从巅峰开始慢慢滑落，如图2.5所示。

淘品牌还不是品牌，这就是它们在消费者眼中的真实定位。尽管多年来销售业绩不错，但长期以来，淘品牌借助淘宝发展品牌不可避免地被网民挂上了产品低价、低质的标签。另外淘宝确定淘品牌的原则大致是以销量进行衡量，尽管大原则没有错误，但先期淘宝为了树立自己平台的"吸金"形象，花费很多精力、资金，用温室般的培养方式扶植极少数店铺，这种做法也让那些淘品牌先天缺少抵抗外部"风雨"的能力。

图 2.5　淘品牌们

当淘宝平台的行业大佬地位得到最终确定之后，淘品牌不再享受充足的阳光雨露，不得不面对更多后来者的追赶和传统品牌的线上夹击，其弱点立刻暴露无遗。无品牌形象是淘品牌的致命死穴。

有别于传统品牌在传统传播渠道上大规模的广告攻势和遍布全国的实体店给消费者带来的实实在在的消费体验和品牌印象，淘品牌的“品牌效应”局限于网上。投入不菲的网络广告虽然能更直接地转换为销量，但淘品牌多以降价促销等手段吸引消费者，而虚拟的网上店铺和大量网民消费体验评价只能作为一种消费参考，无法给人带来真实的品牌感受。

逃不出的虚拟形象让淘品牌难以从电子商务的金矿中淘出自己的品牌形象。去掉一个淘字，就没有品牌了。这是业界对淘品牌的普遍认知。淘品牌很难走出困局的重点，并不在突围之路上，而是淘品牌普遍缺乏创新能力。

长期以来，淘品牌的成功路线都不是以创新产品模式为主，而是以高仿低价的山寨产品模式为主。脱胎于代工厂的淘品牌，本身缺乏研发创新能力，通过高仿传统品牌的成熟产品，以低价策略在淘宝平台上进行倾销，很快就获得原本就习惯在网上“秀水街”里淘换物件的消费者的青睐。取得一定成绩后，淘品牌并没有走出山寨，而是继续死守着高仿之路，毕竟研发的成本不可小觑。短视的市场策略使淘品牌的发展最终形成了一个恶性循环的怪圈。

当然，不可否认有一些淘品牌推出了自主研发的产品，也获得了不错的市场业绩，但由于缺少研发人员和创新积淀，使得这种创新仅仅流于表皮，缺乏真正的品牌深度，而且数量也极为稀少。即使是较为成功的女装淘品牌，其设计水准和同类传统品牌相比依然有相当大的差距，主要还是以价格低廉作为其市场号召力。

生于山寨而毁于山寨，正是支撑起阿里巴巴大厦的小伙伴淘品牌困境的写照。淘品牌的救赎之路在哪里？或许个性化才是重生之途。

淘品牌依赖的环境是互联网，唯有互联网才能给淘品牌带来变革的机会。无论是出钱还是出逃，淘品牌之前所做的种种努力其实都只是局限于渠道上的权益变动，而产品却一直被选择性忽视。

淘品牌必须制造出品牌刚需。个性化或许就是刚需。

从用户需求上看，个性化是淘品牌的突围之路。电子商务经过多年发展已经逐步泛全民化，但究其实质，电子商务的核心消费群体依然是时尚青年族群，这也是淘品牌一直以来得以成长、发展的土壤，追求个性化是时尚青年族群的重要消费需求，谁能满足他们的消费需求，谁就能在电子商务上获得发展。众包典范代表 Threadless 的服装类电商网站的崛起正是因为其大量吸收了网民的创意，以个性化为核心源头，根据麻省理工学院 Frank Piller 的估计，Threadless 每月可卖出 6 万件 T 恤，平均每件的价格为 20 美元。在 35%的毛利率下，该公司每年在扣除各种销售与管理费用之前可赚取 500 万美元的利润。而那些被选中销售的网民原创 T 恤，每一件销售业绩都很理想。凡客、麦包包等垂直电商最初大获成功的原因其实也多源于此，只是当其逐步走向大而全时，个性化的特征被磨平了许多。

从品牌发展上看，个性化是淘品牌的创新源头。通过山寨获得原始积累后，淘品牌对电子商务的应用其实和传统品牌上网并没有本质区别，只是将其作为一种销售渠道。互联网所聚合的庞大创新力量和及时高效的展示能力，以及来自网民的口碑力量，都没有被淘品牌较好地利用。苹果、安卓的应用软件商店之所以能成功就在于极好地利用了互联网的这些优势，获得了众包的效果，以个性化扩大了品牌的知名度。淘品牌完全可以走上这样一条道路，借助互联网的长尾和蓝海优势，以看似小众的个性化服务将自己和泛大众化的传统品牌真正区别开来。

从淘品牌裂帛的发展之路不难看出对个性化的迎合与背离所带来的变化。2006 年上线之初，裂帛深获淘宝用户热捧的原因，主要来自以玩票为主的设计师大风和小风较为离经叛道的设计风格，这种突出原创和创意的设计理念暗合消费者的个性化需求，尽管小众，但却将淘宝电商的长尾效应发挥到了极致。随着资本的壮大，裂帛也逐步走向了成熟稳健的设计风格，初期的特立独行风格逐步转淡，取而代之的是“国人买得起”和“高品质”理念，趋同于传统品牌模式，迷失了源自互联网个性化的品牌优势，最终成为了价格战和广告战的先锋。裂帛的发展轨迹基本上就是淘品牌的群像。

个性化未必是小众。淘品牌从个性化到大众化的成长路线看似不可逆转，但将个性化从始至终坚持下来，并落到实处并非不可能，定制化、众包、大众化的创新思维目前已经出现在电子商务领域，淘品牌完全可以从中获得创新的力量。

所谓定制化，是指针对单个用户的需求进行个性化定制，如网易印象派所走的路线风格。淘宝平台上也有专门的定制化店铺区域，其产品范畴从服装、饰品、礼品到家居建材一应俱全，其突破口就在于聚合了全国而非一城一地人群的个性化需求，聚沙成塔，形成了庞大的长尾效应。例如在深圳，就有一个淘品牌专门为身高 170 厘米以上的女生提供服装订制服务，这类具有独特风格的小众品牌依靠线上营销反而能够产生较高的品牌集约度，打破地域限制，吸引用户。

不过仅仅如此，并不可能产生规模化效应，要想进一步发挥互联网的效力，众包将是淘品牌的关键化破局之路。

众包是指在定制化的基础上，按照应用软件商店的模式，以销售分成来吸引民间设计师参与到产品设计中，经过淘品牌根据自身预期品牌方向的上层架构，对相关设计进行有效地筛选和完善，逐步作为淘品牌自身的原创产品进行销售，从而极大地丰富淘品牌原创产品类型。以众包模式深化其个性化体验，并以定制化，如尺码、色泽等来进一步满足不同用户千差万别的需求，这是强调制式化的传统品牌难以替代的。一些制作电视墙瓷砖的淘品牌，在满足消费者根据房间电视墙尺寸需求定制个性化瓷砖的同时，逐步吸纳部分消费者自行设计的特色电视墙作为自己原始图案设定的有益补充，形成了一定程度的“源自民间”的众包模式。看似“人海战术”，却有着精品化、特色化和个性化的前行方向，同时也可以用实战的销售效果为淘品牌培养一支潜在的创新人才团队，通过让消费者眼前一亮的产品创新，真正物廉价美的产品体验，逐步建立起虚拟世界里真正的品牌形象。

可惜，众多淘品牌还是没想起自己是互联网的孩子，依然迷失在渠道之路上，没有从互联网中吸取力量，以至于传统品牌一上线，就被冲击得七零八落。

2.3.2 “美丽说们”：被封杀的跟班

2014 年 3 月 5 日，国内知名导购网站美丽说发表公告称“停用支付宝支付”。请注意时间，3 月 5 日，学雷锋日。美丽说之前一直扮演着为淘宝贡献流量和销量的“雷锋”，当然不是无私的那种。而国内另一家导购网站蘑菇街早已与支付宝决裂。国内两家主要导购网站先后与阿里巴巴旗下的支付宝分道扬镳，源于淘宝为控制流量来源切断了两家导购网站的佣金入口，淘宝的策略几乎导致两家网站断粮。而现在，淘宝已经进一步加大了对导购网站的压力，也迫使“美丽说们”只能另谋生路。以美丽说、蘑菇街为代表的前淘宝跟班们，如图 2.6 所示，它们的未来之路该如何走?

曾经，美丽说和蘑菇街与淘宝的关系好到让人羡慕。导购网站是一个典型的寄生经济体，在淘宝一家独大的背景下，导购别无选择，必须依赖于淘宝环境生存。在以前，阿里巴巴也需要第三方导购的支持，淘宝也必须借力导购网站，淘宝自身不具备社交属性，蘑菇街和美丽说则弥补了淘宝的这一缺陷。于是乎，导购网们凭借自身拥有的海量用户，极大地刺激了淘宝的交易量。

图 2.6　很久没采蘑菇说美丽了

但这样的好事不会长久，淘宝不会总“让利于民”。在马云发表“不扶持上游导购网站继续做大，阿里巴巴的流量入口应该是草原而不是森林，不扶持返利类网站”的观点后，阿里巴巴对淘宝客政策进行了调整。淘宝关紧了“水龙头”，第三方导购网站的日子开始变得不好过了。

淘宝入股新浪微博后就更不需要寻购网站了。2013 年 4 月，阿里入股新浪微博，一个社交网络的巨大流量入口就此打开。为了让这个窗口快速形成购买力，阿里巴巴 2013 年为新浪微博贡献了 4913 万美元。据 2014 年 3 月新浪微博提交美国首次公开募股申请显示，微博的月活跃用户（MAU）数量和日活跃用户（DAU）数量分别达到 1.291 亿和 6140 万，充足的人气正在逐步被阿里巴巴转换成购买力，加上优站、搜索引擎的助力，这足以让淘宝不再背负“美丽说们”。

美丽说和蘑菇街在依靠淘宝成长起来后，也没有过去那么“听话”了。数据显示，2013 年美丽说给淘宝带来的交易额已超过 30 亿元，而从淘宝拿到的佣金分成只有几千万元。这种分成的极大差别难免让跟班生出异心。随着淘宝入口不断收紧，“美丽说们”也早早开始谋划退路。

“美丽说们”的退路就是从导购网站向平台电商转型。2014 年 10 月 25 日，蘑菇街的自有电商平台优店上线，它走上了垂直化电商平台之路，盈利模式从过去给淘宝导购分成变为对商家收取 5%的交易额佣金。美丽说同样也在积极运作自己的电商平台。

这其实反映出老牌导购网站的核心诉求，自身已经有了稳固的流量和导购环境，那么何必导给淘宝。只要建立起自己的电商平台，吸引商家来开店，那么自己就可以变成第二个“淘宝”。打开美丽说和蘑菇街的网站发现导向自家店铺的商品占了很大一部分。以蘑菇街为例，目前其导向优店的推荐占到了 60%。2014 年 2 月，蘑菇街的交易额超过 1.2 亿元，逐步接近其 2012 年初入住淘宝时的 1.6 亿元交易额。

建立自己的电商平台很像一个遥不可及的梦想，特别是在淘宝占据了网购市场 70%份额的大背景下。美丽说和蘑菇街的电商平台上线后，意味着它们成为天猫、淘宝等大型电商平台的直接竞争对手，阿里巴巴的绞杀战必然会更加猛烈。

一个不容忽视的问题是美丽说和蘑菇街目前都采用了淘宝的模式吸引商家开店，这些店铺大多脱胎于淘宝网店，如果这些店铺不能快速赢利或者获利低于预期后该怎么办？一旦淘宝开出苛刻条款，让店家二选一时又会如何？

美丽说和蘑菇街对自身的定位是走垂直化、精品化路线，但其社交导购定位却与淘宝的热销品类高度重叠。即使像乐蜂网、聚美优品那样走单一品类的垂直路线，换商家可能还容易点，要转换社交状态下已经形成的消费者趣味和习惯则难如登天。

社会化导购模式用于自给自足，似乎显得很傻很天真。

导购网站的出路还有一条，继续做跟班，美丽说和蘑菇街其实已经在这么做了。和支付宝断绝关系后，两个网站都找了同一个朋友——微信支付。从 2014 年 2 月份开始，美丽说推微信支付每日首单立减 10 元的活动，同时在微信端开通了购物入口。蘑菇街投奔微信更早，成效也已经凸显，在 2014 年 2 月举办三周年活动期间，其通过微信支付完成的订单数、订单金额占比皆超过 50%。

美丽说和蘑菇街的落魄，使腾讯伸出的橄榄枝得更具有吸引力。离开淘宝自立门户，美丽说和蘑菇街手上还有一张王牌，即多年导购积累下来的淘宝用户黏性，海量的淘宝用户已经形成了在导购网站寻觅的习惯，这个黏性短时间内还不容易消退。如果微信支付替代了支付宝，则相当于美丽说和蘑菇街帮腾讯撬了支付宝的墙角。

作跟班对于美丽说和蘑菇街来说不是长久之计，等微信支付成熟之时，它们的利用价值也就没有了。美丽说和蘑菇街唯有抓紧时间，趁着和腾讯的蜜月期，快速实现移动电商领域内的突围，但这对于大部分流量来自 PC 端的导购网站来说，立马走向移动端还很难。现在腾讯已经入股京东，原有的窗口期大幅度缩减，留给美丽说和蘑菇街的时间不多了。

社交导购一开始选择的依附状态，让其一旦失去寄主将难以生存发展。无力自建电商平台，导购网站最后的出路只能是继续做社交导购服务，变为导流平台，成为更多电商巨头的辅助军团，而不是一家专职的雇佣兵。

不管怎么变，美丽说和蘑菇街都难以回到昔日繁华的模样了。

2.3.3 高德：地图无限，未来有限

2014 年 9 月 23 日，俞永福开着一辆超级跑车载着林志玲，高调出席了“新高德”的战略发布会。作为新掌门人的第一次亮相，俞永福之后的故事同样高调，但一点都不娱乐化，他在会上宣布了一个令人惊讶的战略计划：高德地图将专注用户需求，专注做最好的地图导航产品，专注地图导航产品的技术研发，并且放弃 O2O，三年不求商业化，如图 2.7 所示。

这个被外界集体解读为放弃 O2O、专注 LBS（基于地理位置服务）的高德新战略，被认为是敲响高德丧钟的第一击，特别是伴随着高德内部大量裁员、离职

和调整的消息。人们不禁疑问，曾经是中国车载地图头牌的高德，在被阿里巴巴并购之后，还能搞得下去吗？

图 2.7　志玲很美，高德很忙

高德曾经一直是默默耕耘的劳模典范，至少在 2013 年 5 月，阿里以 2.94 亿美元收购高德软件约 28%的股份之前。高德一直都很低调，很少曝露在镁光灯下。而当高德被阿里全资收购，其从纳斯达克退市后，就一直没有从媒体聚焦中淡出去。

2002 年，高德赤手空拳闯入中国从未向企业开放的导航测绘领域。对于创始人成从武来说，在私家车还十分精贵的时代，他与姜德荣、肖军杀入的这个领域算不上蓝海，完全是一个空白。当时，高德根据日本厂商提供的导航硬件做出了第一批导航地图数据产品，结果因为导航地图没有获得国家许可资质，日方不敢用。这也迫使这家民营企业在数据质量上更坚实地下功夫，此时的高德是一家数据服务公司。

2004 年 6 月，高德得到国务院批示，获得国家测绘局颁发的导航电子地图甲级测绘资质，成为全国第一家获得该资质的民企。2007 年 6 月，高德自主研发的国内首个车载前装导航软件进入市场，并成功转型为软件技术服务公司。2010

年 7 月 1 日，高德在纳斯达克成功上市。按照高德技术副总裁董振宁的说法，2010 年高德的用户已经达到 3 亿，而根据早前的媒体报道，高德的用户量在 2013 年 12 月才过了两亿大关。

数据上的真伪已无任何判定的需要。比起同时代的互联网同行来说，高德的发展速度可谓缓慢。新掌门俞永福的评价是高德的思维模式依旧停留在软件公司的模式。

这可以视为是一种批评。成从武的高德时代，其基本生存形态就是一个软件公司，缺少互联网公司热衷的营销冲动，埋头做着技术活，安心在车上做着导航。直到 2011 年，面对汽车产销量从持续多年的 30%以上骤降到 5%左右时，成从武才力排众议，亲自挂帅开始了高德的互联网化改造。虽然在之后的两年中打造出了高德地图这一用户过亿的产品，但却面临诸如谷歌、百度、搜狗、腾讯等公司在手机地图领域的挑战，高德一家独大的时代已经过去。

这也可以视为是一种表扬。成从武曾表示公司最后能够走到这里，靠的还是坚持和毅力以及那个年代的热情。而所谓坚持，则表现在其作为软件公司的一种“较真”。

事实上，高德做车载导航和电子地图是用最原始的丈量方法搜集道路数据的。步采员点着 PDA，记录每个宽度超过 5 米的店铺位置，一天要走 8 到 10 公里。车采员驾着车用摄像机扫街，每天跑 100 到 300 公里。高德就这样用“脚”丈量道路信息，用三年时间实现了数据全国覆盖。

这种发挥到极致的地面数据采集，让高德成为国内底层地图数据的头牌，唯一能够与之比肩的是给百度和搜狗提供地图支持的四维图新。这是高德真正的底牌，也是它搞得下去的底气。

对于俞永福宣称放弃 O2O、三年不求商业化的新战略，一些评论者从阴谋论的视角予以诠释。其论调无外乎阿里巴巴收购高德的目的是为其上市提供丰富的素材和佐料，让阿里除了电商标签外，还能够使投资者有更多的联想。

似乎一切都顺理成章，2014 年 9 月 19 日阿里巴巴正式在纽交所挂牌交易，按照阴谋论的说法，高德的利用价值已经不高，是该边缘化的时候了。去 O2O、不盈利、让创始人成从武做 CEO 特别顾问，这些似乎都支持着阴谋论的观点。加上阿里巴巴的核心是电子商务，而高德的地图服务和 O2O 战略与阿里的电商基因关系不够紧密，这也使外界对高德的未来充满疑虑。

非黑即白的二元叙事风格，因为符合人们的理解习惯而容易被接受。不过真相没有那么简单。

根据 2014 年 8 月发布的最新 CNNIC《中国移动互联网调查研究报告》显示，百度地图以 63.7%的用户使用率排名首位，高德地图、搜狗地图和谷歌地图的用户使用率分别为 32.4%、14.5%和 13.9%。原本在地图领域有着极高号召力的高德，在互联网转型的过程中颓势渐显。

但业内人士认为高德的失利主要在于对互联网基因不够适应，用卖软件的思维进入提倡免费共享的互联网领域必然会遭遇挫折。2013 年 8 月底，百度率先宣布导航 App 免费，高德跟进。随后没资金压力的百度又给此前付费下载 App 的用户退款，这让一直以付费服务占据市场的高德难以应对。这和当年没有历史负担的 360 以免费杀毒软件快速打破瑞星、金山等软件思维企业的包围圈的情形十分相似。

但和杀毒软件不同的是地图服务基于每一个用户的实际生活体验，用户感受更为重要，仅仅靠免费并不足以彻底改变格局。回过劲来的高德已经在谋划反戈一击，这基于它积累多年的底层地图数据这一底气。

在发布会上，俞永福其实还有另一个战术级的动向发布，针对用户提出“你敢用，我敢赔”的活动。新版高德地图 App 加入了纠错机制，即在导航结束页面加入了一个新按钮——如果用户导航结束目的地有误，按照错误目的地与真实目的地的距离来计算，每公里高德赔付两元。这种完全比拼用户体验的方式，显然是有备而来。对此，百度的反应则是推出短期的“用导航送积分”活动，并在国庆长假期间，加码推出使用百度地图或导航赢取百万奖金等活动。这种简单粗暴的利诱模式是互联网企业的惯用方式，“百度还是不敢直接比拼地图质量”，业内人士认为，“靠免费抢到用户，却未必能够在服务上守住用户，高德依然有翻盘的机会。”

放弃 O2O 或许是壮士断腕，但专注于 LBS（基于地理位置服务）未必会与高德一贯严谨、坚韧的风格背道而驰。高德三年不求商业化的根本目的在于磨剑，而不是急功近利。这在某种程度上也是“亮剑”。

俞永福在发布会上就若有所指地称：“一些互联网地图厂商以 O2O 的名义将盈利的商家广告推向用户，比如团购导航。高德地图绝不会为了商业利益破坏用户体验，坚决不做团购导航”。

被百度地图称道的底层数据是为数十万款 App 提供定位服务的基础。在底层地图数据层面，百度要依靠四维图新，但后者已被腾讯入股，百度在底层地图数据上没有强大的话语权。“不入股，谁愿意把自己的数据痛快拿出来?”

高德不存在底层数据的问题，而且背靠阿里巴巴这棵大树，其二次创业亦无需为资金担忧。关键的问题是高德的下一步该如何走。

直击对手的软肋，一直是阿里巴巴最擅长的招数，而在高德的重新起航中，这一点也已初现端倪。较之百度地图还要向腾讯入股的四维图新购买基础数据服务，高德势必会选择回归底层地图数据，在去商业化的背景下成为各种 LBS 应用的底层服务提供者，这将直接威胁到百度地图的生存空间，而且是以非商业化形式。

其实去商业化这一信息，早前就已经从高德技术副总裁董振宁的媒体访谈中透露出来。他直言不讳地说道：“位置服务是移动互联网时代的基础服务领域，高德要把出行和基础服务能力踏踏实实做好，在阿里这种集团内，不大有财务上的压力，可以专注做一些事情。”成从武也曾对媒体表示，高德现在最重要的事不是赚钱，而是做好整个生态系统，把产品做精，商业化将是水到渠成的事。

由此不难看出，在俞永福登台之前，高德的高层已经就发展方向达成了统一意见。余下的问题则是如何让底层地图数据变得更加完美，以实现 LBS 上的优势最大化。高德的一个野心是让 3 亿用户提供众包数据，成为位置信息提供方。这并非简单的设想，高德已经进行了相关实践。目前，高德地图众包数据采集已经覆盖了 60 亿公里的道路，收到 70 万份以上的交通事件分享，总计 10 万公里、15 万处的道路被更新，100 个城市和 178 万公里的高速被覆盖。

阿里巴巴也可以为高德的底层数据提供独家资源，俞永福就举例说到每年“双 11”过亿包裹背后的地址信息能帮助高德矫正道路数据，这是花钱也买不到的资源和信息。董振宁表示来自阿里巴巴的两百万辆物流车的数据，加上高德原有的 30 万辆出租车数据，高德现在每天的数据应用覆盖已经达到两亿公里。2014 年第二季度高德发布的中国主要城市的拥堵交通报告，恰恰就是以上大数据的一个“副产品”。

依靠扎扎实实从软件公司时代积累的底气，加上从阿里巴巴那边得到的独家数据支持，高德之后的身段只会越来越低，真正沉入到地图数据的底层之中，成为 LBS 的最基础入口。

可以预见的一个未来是一旦这一计划得到完美实现，专心打基础的高德将逐步变成各种基于地理位置服务的 LBS 应用们的首选。表面上也许不赚钱，但有了这个最低的底气，脱胎于 LBS 的 O2O 之类的商业顶层设计模式也就是水到渠成的事了。

高德会不会成为下一个阿里软件？应该不至于，毕竟免费的高德的用户和体验都很屌丝化，符合阿里的一贯风格。

2.4 延伸阅读：别的电商怎么败

屌丝经济在电商里面，有个高大全的名字，叫长尾。作为电子商务在运营上的基础理论，它的运用被无限放大与神话，各种电商形态也纷纷走过了其喧嚣的发展初期。从其他电子商务平台的兴衰成败以及一些跨界的举动中，我们不难看到电子商务未来的“互联网+”可能。

2.4.1 麦考林：垂直电商的衰落

曾顶着“中国 B2C 第一股”光环，2010 年 10 月在纳斯达克上市的麦考林，一度被传出可能变卖，并让国内电商借壳上市。尽管麦考林官方向媒体宣称变卖系谣言，但其“第一股”的光环早已消散，除上市第一年保持赢利外，连续多年的亏损让麦考林成为垂直电商的反面典型。

垂直电商的“美梦”

几乎所有的垂直电商们都试图从垂直模式走向综合模式。

2010 年，麦考林、当当网上市，将垂直电商的融资推向高峰。据统计，2010 年电商融资超过 24 起，总额约 6 亿美元；2011 年电商融资 95 起，总额超过 46.91 亿美元，创出新高。但是 2011 年下半年开始，电子商务投资环境急转直下。麦考林的起落沉浮无疑是这一趋势的是好注解。

据媒体报道，麦考林被收购其实与其持续亏损是有直接关系的。。麦考林仅在上市当年即 2010 年保持了全年总营业收入 2.275 亿美元，净利润 440 万美元的佳绩。转入 2011 年后，麦考林陷入亏损状态，其 2011 年的净营业收入为 2.179 亿美元，净亏损为 3330 万美元，2012 年净营业收入为 1.518 万美元，净亏损为 2240 万美元。2013 年 8 月 14 日，麦考林公布了截至 6 月 30 日的二季度未经审计财务报告。其二季度净营业收入为 2180 万美元，与去年同期相比下降 44.1%。净亏损额为 620 万美元，比去年同期的亏损额增加了 130 万美元，如图 2.8 所示。

麦考林的发展轨迹恰好与电子商务的起落形成对照，而造成这一结果的关键性原因有两个。

图 2.8　麦考林轨迹

一是麦考林的初始布局缺陷导致多头出击，缺乏业务重点。麦考林在电商领域最为著名的是“网络+店铺+电话邮购”的三个渠道齐头并进运营模式的。表面上看来，这是一个非常平衡的结构布局，尤其是立足于麦考林电话邮购这一传统优势项目上。但这看似稳健的布局却造成了麦考林原本有限资源的分配困难。麦考林直到 2013 年年初才减少和停止目录发行，它逐步淡化电话邮购，集中全力在电子商务领域拓展，可此刻昔日的先行者早已经落后同行太多。

与此同时，麦考林曾引以为豪的 2000 余家实体店铺也成为其发展电子商务的软肋，电商和实体店之间没有实现差异化经营，结果要么是因为仓储物流等因素让实体店的价格难以降低，要么使实体店沦为“试衣间”。这一问题不仅麦考林有，开设实体品牌的淘宝网店也有，苏宁、国美等实体卖场进军电商的也遭遇这种尴尬情景。

二是麦考林的定位摇摆不定导致其夹在垂直模式与综合模式之间，不知所往。麦考林的定位是垂直电商，但这只是其初期目标，和当年做图书的当当、做电器的京东一样，麦考林真正的目标是向综合性卖场跃进。不过和当当、京东有所不同的是麦考林误判了形势，认为自己在电话邮购领域已经确立的品牌形象并没有自然过渡到网络领域，就像很多实体品牌，遭遇到了网购尴尬一样，而原本以白领女性为目标特色的麦考林品牌也在这种转变过程中淡化。在自有品牌的网络影响力尚未成型之时，麦考林直接加大了对加盟店的开放力度，结果不但模糊了自身的形象，也因为销售上的乏力让加盟店们逐步失去了信心。

一门心思想从垂直电商跨越到综合类电商的美梦，导致麦考林等打着垂直电商旗号的企业们因步子迈得太大而跌入梦想遥不可及的现实。

卖别处买不到的商品

几乎所有的垂直电商都存在上述共性问题，梦想太丰满，而现实却过于骨感。

据媒体报道，2013 年 8 月在坚持了两年，烧了 6000 多万元之后，力图打造以随身时尚热品为主的电商平台热客网毫无意外地上了电商死亡名单。而在此之前，初刻、乐淘、唯棉等垂直电商或被收购或经历裁员或倒闭，让曾经大热的垂直电商变成了绝地。

究其原因，依然是品牌力不够显著，却又谋求更大的扩张。

和麦考林同期的当当、京东能够从垂直走向综合，除了当时在整个电商行业中，B2C 综合类门户尚属蓝海外，还依靠其本身产品类别设定较为宽泛，原本就是属于单一品类下的综合性卖场，并无特定品牌形象和寄居于品牌之下的产品可言，这一特点决定了其泛化的网络口碑并不锁定在自有产品之上，转型相对容易。

而与麦考林相类似的凡客诚品，尽管初期依靠海量的宣传如“凡客体”以及相对低廉的价格和可靠的质量崛起，但一旦开始进入 V+模式之后便大量引入各种加盟品牌，企图向快消类综合电商平台转换以凸显长尾效应，其固有的品牌形象反而因为网民的惰性思维而受困。加之引入的大量品牌有不少是已经在实体销售中确立口碑的，却因为凡客的惰性思维限制而被圈死。更为关键的是，大多数加盟品牌本身都是“广撒网”模式，每个平台上均有销售，这也让这些垂直电商的综合化之路变得不再那么有吸引力。

自有品牌状态下的垂直电商并没有和长尾模式相违背，诸多垂直电商初始阶段的运作方法其实是暗合长尾定律的，即卖别处买不到的商品。

仔细考察当初垂直电商成功的路数，就可以看到这一特点：凡客以简约的男士衬衫兴起，麦考林主打女性服饰，乐蜂关注化妆品等，皆是以自有品牌的优质低价产品撞开市场大门。它们的品质保障优于 C2C 小店，产品价格较综合卖场上的实体品牌更为实惠，“船小好调头”的特点又让其产品在类型和特色上有了诸多亮点。如此种种，恰恰形成了“卖别处买不到的商品”的特点。如果将整个电子商务行业视作一个巨大卖场，则这种垂直电商恰恰成为长尾中的更长之尾。

把“尾巴”留住

京东商城 CEO 刘强东曾表示，2013 年垂直 B2C 电商中“以自主品牌为主的有大量机会，但是以零售平台为主的垂直电商注定是没有机会的”。在他看来，无论是传统零售行业还是互联网细分行业，“发展到最后也就三到五家，而现在是几千家，所以我觉得 99%的电商会死掉”。

不想当将军的士兵不是好士兵。垂直电商们期望从垂直走向综合，本身无可厚非，也符合其发展需要，只是发展之路该如何去走？

我认为首先不能模糊自有品牌的面孔，这是发展路线的第一规则。麦考林运营中频繁变阵，一会儿是“三驾马车”，一会儿回归电话邮购，一会儿又想打开实体店市场，其顶层设计变化无常，最终拖累了品牌形象。另外大量引入同质化加盟店和其他品牌，使得自有品牌反而陷入了竞品的包围圈。忽略了自身的这一错误，大多数垂直电商都在犯。即使最终发展为综合类卖场平台，也需要以自有品牌为主干，以加盟店和其他品牌为“长尾”，形成和其他电商平台差异化竞争的策略。别忘了在实体店中，无论是绝对综合性的家乐福卖场，还是相对综合性的屈臣氏卖场里，除了货品齐全、价廉物美外，其自有品牌产品，哪怕只是贴牌产品的质优价廉才是最吸引消费者的核心亮点，亦是别处没有的商品。这样的长尾效应才能不断推动企业发展。

其次不能过度追求大而全。大多数挣扎于生死线的垂直电商们容易犯错的地方在于没有循序渐进，它们没有经历从自有品牌向单品类综合卖场过渡，再从消费人群角度出发逐步丰富卖场的其他产品线和商品，而是跳跃性地直接发展为泛消费人群和消费主题的综合类门户，意欲实现一站式消费。这种快速发展必然带来产品的结构性失衡，变为目前困扰这些电商们的一个致命瓶颈——看似门类齐全，但产品却不多样。由此可见，循序渐进，逐步丰富门类才是目前垂直电商的生存之道。

需要注意的是大而全是如京东、当当等已经完成从垂直到综合转型的电商们容易发生的一大战略弊病。尤其是京东，在自身电商业务依然在烧钱的同时，它没有注重差异化竞争，而是继续一方面和同行大打价格战，另一方面又在自己完全没有根基的方向突进，像被人们广为诟病的京东自建物流，又如近期爆出的尝试在线下开设实体店的新战略，这种不注重分工合作环节，一味想要大包大揽的走势，会成为类似麦考林“三驾马车”式的拖累。

专注自己的产品，卖别处买不到的商品，把“尾巴”留住。其实生存之道很简单，但在不断膨胀的电商野心中，这成为了最不可能完成的任务。

2.4.2　电商们：玩实体店拉客进行时

2014 年圣诞购物季前夕，亚马逊在纽约曼哈顿中心开设了第一家实体零售店，如图 2.9 所示。无独有偶，中国的电商大佬们也和老前辈想到了一块，京东商城的实体店京东帮服务店在河北赵县正式落地，而阿里巴巴的第一家实体门店淘宝会员贵宾体验厅也在广州南火车站同一天开张，再算上快递大佬顺丰早前在全球 160 个城市开设的 2000 余家顺丰嗨店，电商们的思路似乎很明确，就是解决和消费者“最后一公里”的问题。线下店要做的事很简单——体验和拉客。

图 2.9　亚马逊实体店大门都很韵味

简单任务下的争夺战

线下成为电商大佬们的沙场并非今日之事。而电商们的实体店也和传统的 O2O 模式有所差别，目前看来，线下门店充其量只是一个会员俱乐部。

这样做的原因很是无奈，尽管饱受电商冲击，但线下零售市场依然有强大的生命力，这和消费者的习惯有着密切联系。据数据显示，在电商高度覆盖的上海，网店零售在 2014 年前 9 个月占社会消费品零售总额的比重为 10.6%，而在美国，除了汽油、食品和建材等难以运输的东西外，亚马逊的营收占全美全部零售营收的 1%。

线下市场的空间依然巨大，尽管租赁成本和商品价格都限制着实体店的规模，但对于没有电商使用习惯的 80 前人群来说，实体店依然是不二选择。借力线下实体店来拓殖新的消费人群与消费市场，成为电商大佬们在价格大战的红海中脱困的关键所在。

问题的关键在于这些实体店的形态该如何？在电商大佬们推出的现有模式中，其实都很鲜明地亮出了体验的大旗。

反向 O2O 的拓客路数

传统的 O2O 是将互联网变成前台，而线下实体店提供本地生活化服务。对于电商而言，这和其经营方向恰恰相反，因此电子商务的 O2O 形态，也循着自身的特点变成反向 O2O 模式。

以顺丰嘿客为例，其遍布城乡的形态必然成为其他电商实体店的进军路线。理由很简单，将前台从线上搬到线下，除了方便网购人群订货、取件和退货外，更核心的方向是帮助没有网购习惯和经验的人群熟悉电子商务，培养消费习惯。

这种电商体验模式过去一直存在，尤其是在奢侈品领域。早年珠宝电商就曾在多个城市租赁写字楼，提供样品供消费者选择，并由店员引导帮助下单……这种不同于寻常零售店，降低了仓储压力的方式最终没能够被推广。有业内人士分析称，奢侈品的品牌黏度让这种线下体验变得十分乏味。

不过当奢侈品变成长尾状态下的百货时会如何？货品展示将形成压力。表面上，电商大佬们找到了破解之法，据媒体报道某顺丰嘿客约 60 平方米，店中的墙上、橱窗展示的商品可谓五花八门，既有水果、蔬菜、婴儿奶粉、高档红酒，也有数码家电、手表、首饰、化妆品、服饰等，可无一是实物，而是图片展示，消费者预购店内展示商品，通过电子触摸屏平板电脑下单，之后快递送货上门。这其实是电商的标准流程，只是场景从“我的地盘”搬到了“电商的地盘”，多了店员导购。除此之外，诸如代交水电费之类的便民活动大可忽略不计。

这类做法的根本目的就是深入到社区、乡镇等电子商务的空白地区，将那些不会操作电脑的“中国大爷”、“中国大妈”吸引到电子商务的世界里来。这其实和那些淘宝代购店并没有本质区别。比起实体零售店来说，电商实体店在价格方面有优势，但依然不能“所见即所得”。

破解线上退货率困局

线上的优势似乎在电商实体店身上没有得到充分的延伸，它仅仅只是被用来作为网购技能培训中心，前景似乎有点不明。不过它还有一个利好，或许能够破解退换货的一些症结。

2013年“双11”电商退货率平均占到销售量的25%，部分商家高达40%。而2014年“双11”之后，据《经济参考报》报道，截至11月17日，“双十一”的投诉量已超去年的两成，退货是投诉“重灾区”之一。相对应的，以飞牛网的家电销售为例，在实体店看完产品再到线上购买的家电退货率大约仅占2%。同样是以家电为主，并有线下实体零售店的国美在线亦表示其退货率非常低。

尽管上述数据难免有失精准，但亦能说明一个问题，即线下店面有样品，线上销售的退货率会较低，由此将可以缓解 “七天无理由退货”的规定给电商们带来的退货物流仓储费用压力。

建立遍布城乡的电商实体店，提供样品展示来降低退货率，这在理论上是行得通的。不过受限于场地面积，无法实现样品展示的全部内容，至少无法实体化，依然会给人以隔靴搔痒之感。

阿迪达斯的经验或许可以给出启示，只是造价方面太贵。其于2013年年底在伦敦旗舰店设立了一个约2.1米高的触摸屏幕墙，可以让顾客从任意角度查看产品，并可进行旋转、放大。当顾客找到自己中意的产品时，就可以将它放入虚拟购物车，然后去柜台交钱即可。据称，这种销售方式让一款足球鞋两周内的销量比6个月前以传统形式展现增加了500%。此外，还有节约货架展示的便利。

如果电商实体店的导购们得力，或许用平板电脑和有效的话术也能达到此效果，只是这个实现起来很难。或许更有用的方式是让电商实体店变成退货中转站，而不是消费者直接找快递，这样可以降低一个单边的退换货成本。

第 3 章 粉丝经济的边界——腾讯

2011 年，刚刚从 3Q 大战泥潭中走出来的腾讯，在春雪消融之际，匆匆策划了一场名为“诊断腾讯”的活动。腾讯以闭门会的方式邀请了 72 位业界知名专家，分 10 批为腾讯“把脉”。

一切都是以 3Q 大战的反思为开头，但每一次讨论透露出来的信息都深入到了腾讯整体产品架构的未来发展之上。之后三位资深记者将这次活动里专家们为腾讯开出的“药方”汇编《X 光下看腾讯》一节，该书提到参与“诊断腾讯”的大多数专家认为腾讯的问题是对自身的领袖地位认识不足,或者没有尽到领袖责任。

腾讯想要成为领袖，势必要扩张自己的疆土。而 3Q 大战是疆土争夺战中的一次矛盾爆发，其中的一个关键点在于腾讯的安全管家威胁到了当时的安全软件头牌——奇虎 360 的生存。伴随而来的是业界对腾讯疯狂扩张的极度不满。2010

年 7 月，《计算机世界》刊登了一篇题为《“狗日的”腾讯》封面头条文章，文中把腾讯作为互联网公敌进行批判。而在之前几天，时任新浪网总编的陈彤以“老沉”为名发布了一则微博：“某网站贪得无厌，没有它不染指的领域，没有它不想做的产品，这样下去会物极必反，与全网为敌。”同样把矛头指向了腾讯。

腾讯真的是进入什么领域，就战无不胜吗？

答案是——NO！

3.1 门口的“野蛮人”水土不服

对于腾讯来说，2010 年 3 月 5 日是一个值得纪念的日子，当天 19 时 52 分 58 秒，腾讯公司宣布 11 岁的 QQ 同时在线用户数首次突破 1 亿。有意思的是十年前，2000 年 5 月 27 晚 20 时 43 分，QQ 同时在线人数首次突破十万大关。

作为人类进入互联网时代以来，全世界首次单一应用同时在线人数突破 1 亿的世界纪录，中国社会科学院信息化研究中心秘书长姜奇平对此的评价是这一突破意味着中国在世界互联网的话语权方面大大提高，他说：“‘亿’是可以对游戏规则说 YES 或 NO 的量级，从此对于在线游戏规则，中国可以说 YES，也可以说 NO。”

其实如果把主语置换一下，由“中国”变成“腾讯”，姜奇平这段话依然成立，至少用户同时在线数过亿意味着在国内即时通讯市场上，腾讯 QQ 已经没有了敌手。

但没有敌手并不意味着高手会寂寞，因为颠覆力量依然存在。

3.1.1 新浪微博遭遇“钉子户”

依靠强大的 QQ 确立话语地位的腾讯却并没有多少欣喜。尽管 2011 年它就已经是一家拥有 6 亿用户，年收入超过 200 亿元，年增长率超过 40%，市值超过

500 亿美元的互联网公司，但在 3Q 大战之后，腾讯感受到前所未有的危机感。

在马化腾语录中，他多次谈到了内心中“随时可能被颠覆”的危机感。在这种危机感的驱使下，腾讯在 2010 年底发起了对咄咄逼人的老对手的反击，这一决策至今让马化腾后悔。

但对于 3Q 大战，腾讯并不后悔。笔者有幸作为专家被邀请参加了其中一场“诊断”，在讨论中，几乎每个专家都有一个同样的疑惑：处处进击的腾讯能不能给其他互联网企业留口吃的？当时与会的腾讯集团高级副总裁吴宵光和汤道生给出的答案是：面对有前景的领域，腾讯不可能不进入。

这是在商言商的标准口吻，而腾讯也是如此去践行的，标准的“家门口的野蛮人”风格。只是腾讯的每一次进入并不都是成功的。这也是腾讯克服危机感过程中的一个悖论：通过占领更广的领域来确保核心地带的安全，但问题是边界永远是不稳定的。

过亿的 IM 在 2010 年的互联网中并不是什么大热话题，业界认为 QQ 过亿是迟早的事。当年最大的新闻关注是另一款社交产品微博。2009 年 8 月新浪推出“新浪微博”内测版，成为门户网站中第一家提供微博服务的网站，在不少人的眼中，这种时髦的社交媒体将成为影响 QQ 江湖地位的最大变量。2010 年年初，微博主“后宫优雅”的炫富举动和“凡客体”的流行似乎加速了这种变量的形成。

有危机感的腾讯很快推出了自己的微博产品，2010 年 4 月 1 日开始小规模内测，5 月 1 日开放用户邀请注册，腾讯微博作为一款防御性产品很快和新浪微博进入了分庭抗礼的局面。基于两个公司在整体定位上的不同，两个微博呈现出了极大的差异性，与新浪微博走名人大 V 的议事堂路线不同，腾讯微博依靠 QQ 强大的人脉圈走的是草根路线。曾有人调侃两者的差别道：“国事纵横看新浪，风月无边在腾讯”。

令人唏嘘不已的是 2014 年 7 月 23 日，腾讯微博事业部解散。虽然腾讯一直在强调腾讯微博并没有“死掉”，只是在重新进行战略布局，但曾经风光无限的腾讯微博已经完成了它的战略使命。

腾讯微博仍然会存在，作为微信的一个战略延伸，它负责继续在微博地盘上插一根钉子，防止新浪一家独大。就如在之前的 4 年中，它成功卡位新浪微博，为保证腾讯在社交网络上的底盘和给微信创造出发展空间和生长时间那样。

其实腾讯微博最初的使命除了卡位，也有争雄的意味。但当微信异军突起时，全新的社交媒介让微博的活跃度大不如前，同时也在另一个层面上为腾讯的帝国核心地带修筑了一堵更坚固的“城墙”，帝国的疆域也开始发生了变化，此时腾讯微博的战略重心随之改变。但不变的是腾讯的战略模式用不断扩张的产品线形成围绕在腾讯帝国核心即社交网络周围的全新疆域，而用来换取核心地带平静的代价就是腾讯在入侵领域上同该领域的原有势力激烈战斗。微博大战其实就是这种矛盾的一次激烈爆发。

这体现出了腾讯的互联网思维，牢牢保持住自己的社交优势，用扩张的方式形成有效的战略纵深，从而提高被颠覆的难度。其中的诀窍是把战火烧到别人的地盘上，让其自顾不暇，也就没有精力来进行大做强或进行足以威胁腾讯的颠覆式创新。

3.1.2 其实腾讯玩微博更早

有人评价腾讯“一直在模仿，很少有超越”，在它庞大的产品线中，这样的例证比比皆是。但平心而论，腾讯在微博项目上并不是一个模仿者，它其实是一个先驱。

早在 2007 年，腾讯就悄然测试了一款名为“滔滔”的产品，按照腾讯官方的介绍，滔滔是一个迷你、即时博客，适合厌倦了长篇大论的用户。在这里，用户可以随时随地唠叨两句，随时随地分享心情，随时随地关注好友。我们称滔滔上唠叨的人为叨客，如图 3.1 所示。

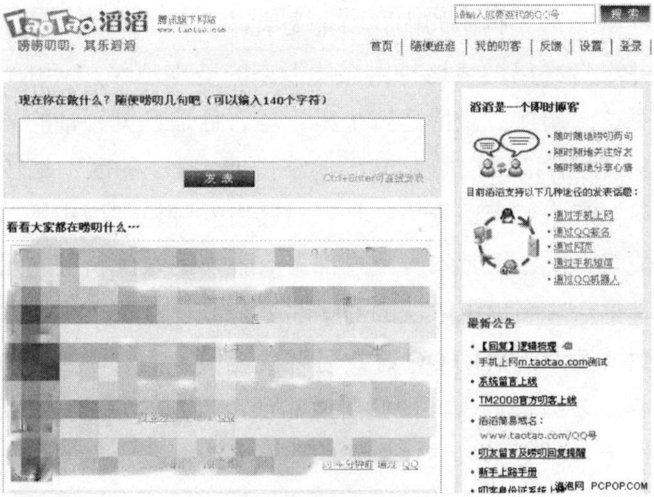

图 3.1　滔滔的用户界面

很显然，这就是微博的标准定义，而当时 Twitter 也不过才问世一年。和时下的微博产品不同的是，滔滔除了有专门的页面提供分享和转发外，还和 QQ 直接绑定，用户可以不用登录网站，而是在 QQ 上添加一个“叨客机器人”的系统好友，便可以直接通过对话框发布消息。而且用户关注的其他叨客有新“唠叨”时，“叨客机器人”可自动发消息过来。

从便捷的角度或界面友好上来看，滔滔显然要比最初的腾讯微博高端许多，其许多功能与 QQ 联系极为紧密。然而，具有颠覆性创新特征的滔滔没有获得成功，2010 年 10 月 1 日，腾讯宣布滔滔业务和 QQ 空间说说整合。

被公司的竞品替代并让出空间，是腾讯内部许多同质化产品的宿命。不过滔滔的失败不仅仅是因为这个。作为腾讯拓宽边疆的一步棋，滔滔走在了国内几乎所有同行的前面，但它的失败却未引多少波澜，原因很简单，用户太少。笔者 2008 年加入叨客行列时，系统显示为第七千余名，而直到滔滔下线，笔者发布的“唠叨”也没有人关注或转发，完全是一个沉默的应用。

这一情况显然与 2009 年国内微博领域的狂飙突进极不相衬。滔滔的败局其实也为腾讯微博的落寞埋下了伏笔。

关键的问题是微博和腾讯的内在特征是有冲突的。微博作为一种社交产品，其本身的属性并没有脱离博客这种自媒体形态的基本范畴，Twitter 和新浪微博都很鲜明地印证了这一事实：微博是一个舆论场，且是意见领袖的领地。和博客一样，微博也是少数拥有话语权的大 V 们的演讲地，唯一的区别是较之博客时代的沉默大多数，现在听众们可以更方便地通过转发和评论“说小话”了。新浪走微博之路之所以成功，就在于其本身一直都带有强烈的媒体特征，无论是作为门户网站，还是博客平台。而腾讯依仗的 QQ 则是一个普通人之间进行平等交流的熟人圈子，腾讯微博表面上借助 QQ 好友可以快速聚集人气，但这种广场广播的方式却不适用于绝大多数普通人。他们要说的话，看到的东西，经历的生活点滴，也并不太想公诸于众，至多只是在有限的朋友圈内分享。更何况，公众对普通人的一举一动也不感冒。

显然，技术上的创新，理念上的快人一步，都很难让滔滔作为最初的微博产品获得足够的关注，它最终成为空间说说的命运，其实也说明了腾讯微博只是 PC 版的朋友圈动态而已。后来微信的成功从反方向做出了新的证明。

一言以蔽之，失去了强大腾讯社交网络保护的产品，腾讯的创新型产品就和其他创业者的产品一样，充满了高失败风险。

3.1.3 守住社交这块地盘

微博是腾讯失败产品的一个缩影，在进入新世纪第二个十年的关口，腾讯也在通关。因为 SNS（社交网站）和微博都在对腾讯的根据地进行侵袭，更因为移动互联网时代的开启，腾讯单靠一个即时通讯的企鹅就 hold 住全场的时代也在结束。

腾讯该往何处去?

腾讯拿出很多布局来保护它的底盘，如用开疆拓土的方式来守护核心。而当 SNS 和微博直接深入腾讯的纵深之处时，如何防御变得尤为关键。

腾讯微博的防御体系成功遏制了新浪的攻势，而自 2009 年开始不断强化的 QQ 空间平台则通过数量众多的小游戏成功遏制住了开心网、人人网的崛起，Facebook 的神话在中国没有被成功复制。

让 QQ 空间成为一个底层社交平台，包容下微博、SNS、社交游戏乃至移动社交成为了腾讯互联网思维的核心主干。QQ 空间成为了在 QQ 面板狭小空间背后用以连接其他腾讯分支产品的桥梁，通过和 QQ 的绑定形成一个网络上的真实社交中心，熟人之间的聚合处。而不是如同过去那样，作为最早的真实社交平台，它的功能单一到仅仅承担了一个类似个人日志式的自媒体存在。

“一站式”社交体验是 QQ 空间最大的卖点，而仅仅靠卖皮肤、装饰之类的虚拟物品已经无法满足腾讯的野心。“偷菜”、“买卖奴隶”等从别处借鉴来的社交游戏让腾讯尝到了更多甜头，但这依然不足以形成防御圈。腾讯开始谋划在植入社交游戏应用之后，扩大社交平台矩阵，QQ 是入口，也是支点，微博亦是，此外还有朋友网，三者形成你中有我，我中有你的布局，之后再延伸到电子商务、网络游戏、搜索引擎……

然而微博的落寞也传染到了朋友网，和微博一样，朋友网也是腾讯的一个社交战略布局。作为当年继人人网（校友网）SNS 在中国火爆后，腾讯推出的典型 SNS 平台，朋友网上线后并没有跟风人人网立刻推出游戏开放平台，而是结合用户推出了一系列切合用户的产品，如招聘、二手平台等。

腾讯的目的在于通过朋友网打出 SNS 的差异性，以和腾讯空间的娱乐性相区别。因此实用性成为朋友网的一块招牌。然而这是实名制社交的概念，与 QQ 空间、腾讯微博以及后来的微信太过雷同，原本就基于熟人社交的空间平台，反而和朋友网之间形成了抗衡。

既生瑜，何生亮？走实用路线、更像一个校友录的朋友网，忘记了在它诞生前，已经有许多个网络校友录死掉或濒临死亡。

早在中国互联网初始阶段就已经有了如 Chinaren 和 5460，这些如同校友论坛一样的功能，最后都被 QQ 群和百度贴吧之类更加自由的产品所替代。朋友网的招聘信息虽然看上去很美，但却要和众多已经成熟的招聘垂直站点、地方人力资源站点和各种地面招聘会进行竞争，到处撒网的腾讯依然力有不逮。

加上管理混乱，朋友网上到处泛滥的商业广告与欺诈信息，通过假借同学、校友乃至六度空间的熟人朋友之名植入，更直接影响到了用户的使用体验。最终朋友网虽然还在，但其实已经被 QQ 空间内部消化了。

尽管拓展疆土面临诸多的不顺，但腾讯在 PC 时代依然依靠 QQ 的强大黏合度守住了地盘。

不得不说，腾讯 QQ 的气场太强，以至于腾讯的诸多业务都被它的气场压了下去，除了寄生外很难独立，至少在 PC 时代是这样。腾讯强干弱枝的一元结构似乎很难改变。

3.2 初探移动互联网不利

将鸡蛋放在一个篮子里是企业经营之道的大忌。马化腾自然清楚这点，但 QQ 在 PC 时代已经成为腾讯的精神内核，这让其他产品都不可避免地沾染上 QQ 的气质。即使腾讯想要将这些产品区别开来，也被用户的惰性思维重新带回来。走过大 V 战略的腾讯微博一直没有形成媒体气质的意见场，就是一个有力的例证。

后 PC 时代和移动互联网的崛起带来许多挑战与机遇。腾讯其实很早就步入了移动互联网模式，在其他互联网企业压根没有想这方面事情的时候，手机 QQ 就已经成为众多功能机、山寨机上的标配。

在移动互联网风行的时代，腾讯如何创造新的辉煌呢？但在开启辉煌之旅时，腾讯已经面对许多潜在的危机。

3.2.1　手机 QQ 玩不下去

智能手机开启了移动互联网时代。这对于 2003 年推出手机 QQ 的腾讯来说，似乎有了一种苦日子熬出头的感觉。

许多年前，一个在腾讯开发 QQ 手机版的朋友无比郁闷地跟我说：“手机版的 QQ 虽然看起来千篇一律，是个很简单的程序活，可真正做起来十分困难。针对不同型号的手机屏幕都需要重新做程序、调架构，手机咋就这么多呢？”那时智能手机还没问世，腾讯公司针对不同手机、不同屏幕“再造”程序的毅力难能可贵。

但仅仅靠毅力不够，还需要机遇。智能手机兴起后，IOS 和 Android 两大系统独步武林，这也让 App 研发人员松了一口气，至少不用针对不同手机去做繁琐的测试。带触控屏的智能手机改变了人机交互方式。手机 QQ 自然不会放过这个机遇，它要成为腾讯在移动互联网上的入口。因此，QQ 在手机界面上放大了尺寸，视觉设计上更简洁明快。由于是触控式交互，手机版 QQ 的功能设计更集中化，减少了窗口的堆积，让功能的展现错落有致。较之初代的手机 QQ 要靠短信的方式建立沟通，手机 QQ 乘着技术更新之风快速流行起来。

与此同时，手机 QQ 也在尝试差异化。从 2011 年开始，手机 QQ 在功能设计上更加贴近移动终端的用户使用体验，与 PC 客户端产生了差异化。对于用户来说，手机 QQ 不再只是一个简单的社交聊天工具，而是一个地理位置坐标，一种支付工具，一种展现个性的信息相框，甚至是一种阅读工具，还能替代打电话，虚拟世界与现实世界的界限日益模糊。

一切似乎都在按照腾讯的设计前行，不过对于用户来说，手机 QQ 更多的时候只是 PC 端 QQ 的一个补充。

微信的崛起让腾讯希望在手机 QQ 上做出更大的变革。2013 年 5 月 9 日，手机 QQ 发布了一个新版本——手机 QQ 4.0 版本，这次升级主要是一个细节的变化，即将查看好友在线的功能挪至二级页。原先用户点击联系人就可以看到好友是否在线，但在 4.0 版本中必须点击动态一栏进到二级页才能看到。原先的“联系人”

一栏变得和微信的“通讯录”界面极为相似。这一改变立刻引来用户们的疯狂吐槽：“越来越像微信了，不能直接看到好友是否在线的 QQ 能用吗……”许多人以卸载 QQ 的方式进行抗议。

很快，手机 QQ iPhone 发布了 4.0.1 优化版，将“在线好友”功能重新调整到一级页，在产品功能上作出了妥协。不过，其界面上的在线好友和离线好友的头像均是点亮状态，手机 QQ 用“在线”、“忙碌”、“离开”等文字标注朋友是否在线，如图 3.2 所示。手机 QQ 的形态已经被用户固化了，而腾讯除了抱怨被用户“绑架”外，似乎没有什么破解之法。

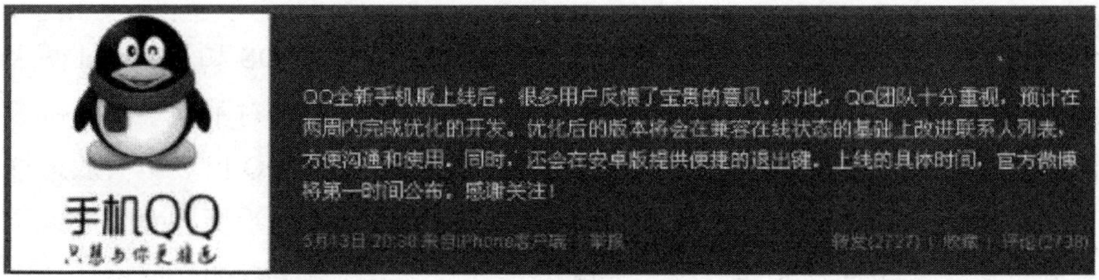

图 3.2　腾讯妥协了

鉴于移动互联网的新体验模式，其移动场景的需求发生了变化，微信、陌陌等新一代移动社交工具都在弱化在线状态，以提高用户和朋友之间的沟通频次，不再受困时是否在线的模式。手机 QQ 因原有的模式过于强大无法突破，反而无法跟上时代的步伐。

当然，看似微小的变或不变充分体现出了腾讯在手机 QQ 上进行试错的决心。移动互联网的社交模式毕竟还处于探索阶段，手机 QQ 脱胎于 PC 版，在很大程度上受制于用户的长期使用习惯，不能轻易做出改变，一旦改变则处在挑战用户习惯的不利地位，但不做改变会完全沦为 PC 版 QQ 的辅助工具，难以体现出自己的移动社交特征，也不利于和其他移动社交工具进行竞争。

这样的结局面让手机 QQ 在移动社交领域彻底败给了同属一家的微信，腾讯也因此最终确立了移动互联网领域中以微信为核心的战略方针。

3.2.2　你听说过海纳吗

微信是腾讯移动互联网战略中的明星产品，它成为了张小龙的又一辉煌，但腾讯一开始未必将微信作为一个重点培养对象。这恰合是腾讯的运营风格，在自己的领地周边到处出击，不断试错，如果能够杀进去就加码，如果杀不进去便就地铸造防御工事。

基于 PC 端的经验，搜索引擎和浏览器将有可能成为门户，腾讯在此都有布局，无论是 PC 端还是移动端，不过都很不理想。后来腾讯发现了另一条路，一条有可能复制苹果应用商店的路数。

海纳应用搜索，是腾讯突入移动互联网的一个尖兵，至少在其战略构想中应该如此。按照官方的说法，2012 年 6 月 26 日，腾讯正式对外发布海纳应用搜索，这是一款基于移动应用功能属性搜索的引擎，产品拥有 8 项技术专利申请，海纳的发布标志着腾讯开始发力移动应用搜索领域，如图 3.3 所示。

图 3.3　海纳首页

选择推出这样一个产品，腾讯的解释很简单，也很实际：随着 Android 手机的快速普及以及 Android 应用数量的飞速发展，手机用户面对众多应用市场和繁多的应用不知道该怎么选择，加之目前市场上应用搜索的功能并不完善，往往很难满足用户需求。因此腾讯推出了基于应用功能属性搜索的引擎——海纳应用搜索，专注于移动应用搜索以及根据搜索行为的移动应用推荐。在功能上，海纳应用搜索收录多家主流应用市场的应用，用户可以使用手机访问海纳，在海纳中可以充分体验到搜索的智能，应用的丰富。

看到这里，会有怎样的一个感觉？腾讯在走捷径。2012 年，诸如 91 手机助手、安卓市场、豌豆荚之类的应用商店已经完成了对 Android 应用分发的基本割据，以至于百度这样的搜索巨腕想要杀进来，也只能选择以天价收购 91 手机助手为入口。而腾讯的选择则是从搜索入手，集成他人的优势，形成一个更大更全更方便的应用平台。一旦成功，海纳将成为一个类似苹果应用商店的存在，成为众多安卓应用商店的上层建筑，之后自然是钱景广阔。

“截胡”是当时业内对腾讯海纳应用搜索的普遍评价。但当时有多少人知道海纳应用搜索呢？通过百度发现自发布后，海纳应用搜索就没有什么进一步消息了，在腾讯网的页面上，也很难发现它的 PC 端入口。虽然海纳的官方微博有百万粉丝，但在 2013 年 7 月之后，就再没更新了。

“你听说过海纳吗？”这个问题其实就是个伪命题，因为对于安卓用户来说，尽管安卓商店有许多，但长期的使用习惯已经形成。而且各个安卓商店都有自己的排行榜，有各种针对用户行为的应用推荐。加上应用本身采取的方法也都是广种薄收的模式，一款应用上传尽可能多的平台。没有自己独家应用的海纳，又能给用户带来什么？

更为关键的是，海纳应用搜索离腾讯的根据地太远了，社交模式体验和海纳的用户体验几乎没有交集，自然也无法带来更多的流量和黏性。海纳的地位很快被边缘化，之后直接被与 QQ 安全管家进行绑定的应用宝取代。与独立的搜索引擎相比，用户更习惯安全管家中连带的软件中心功能，用户黏性也能逐步平移。加上经常独家首发微信新版本，更让应用宝收获了许多微信铁粉。

2014 年 5 月，应用宝在应用搜索方面推出“唯一”搜索，可有效帮助用户解决应用下载中误下载山寨应用的问题，方便用户安全、放心地下载正版应用，如

图 3.4 所示。这也预示着海纳已经被彻底取代，尽管海纳在 PC 端和移动端还能打开。

图 3.4　检测山寨应用是个好功能

海纳的失败说明了什么？其实就是过去兵家大忌的孤军深入，远离根据地，没有后勤补给。

至于应用宝和手机助手的成功则恰恰在于从根据地循序渐进，通过绑定再绑定的连锁反应，而后才有应用搜索的介入。顺序有时候至关重要，如果光是思路超前，很容易步子迈大落入危机中。

3.3　当越界碰上边界

对腾讯来说，试错更多是一种经验的积累。没有滔滔和微博的失败，微信朋友圈和公众号很难崛起；没有海纳的失败，应用宝很难在市场格局基本划定时后发先突围。

据《理财周报》2014 年 3 月报道，其从腾讯内部人士获悉目前为止，腾讯投资的项目已经超过 200 个，大部分没有对外公布。在对公开的部分投资项目进行整理时，媒体发现从 2009 年至 2014 年，腾讯共参与投资了 65 家公司，其中投资领域排在前三的是游戏公司、电子商务和在线手机应用，分别为 13 家、11 家和 9 家。从投资结构看，腾讯的布局有章可依：首先是夯实自己的根基——在游戏领域步步为营，布局从国内到海外，从端游、页游到社交游戏全覆盖。

在电子商务领域，腾讯采用大量投资的方式来弥补其短板。易讯、高朋网、F 团、好乐买、珂兰钻石网、五百城 3C 电器网等都纷纷收归腾讯旗下。

这些都是外延性的投资，更关键的核心拓展腾讯只想亲自抓，由自己内部产生，比如搜搜、拍拍……

3.3.1　搜搜还是沉了

在 PC 时代，腾讯的一切都围绕着 QQ，一旦出现颠覆性创新，腾讯将可能面临极大危机。为此，马化腾将目光放在了搜索引擎这个入口上，搜搜也在此背景下问世。

2013 年 9 月 16 日下午，搜狐及搜狗与腾讯共同宣布达成战略合作，腾讯向搜狗注资 4.48 亿美元，并将旗下的腾讯搜搜业务和其他相关资产并入搜狗，自此腾讯放弃搜搜业务，搜搜也就此宣告死亡。

从 2006 年上线到走向终结，搜搜走过了 7 年的光阴，但市场份额始终都在个位数里上下波动，始终没有成为真正意义上的互联网入口。

腾讯为了让搜搜成功付出的并不算少：挖来了谷歌的中日韩文搜索算法的主要设计者吴军和图片搜索创始人朱会灿，还从其他搜索引擎如必应、雅虎等处挖来了许多技术大咖，可谓兵精粮足。但搜搜却一直没有什么起色。《史记 · 项羽本纪》中，楚霸王乌江自刎前曾言："然今卒困于此，此天之亡我，非战之罪也。"这句话用在搜搜身上其实也很恰当。钱的问题好解决，腾讯有；人才的问题也好解决，花钱请；唯独用户怎么来，腾讯一直没有找到破解之道。

搜搜的操盘手吴军曾提到过搜搜的失败："一个公司只会有一种基因，就像百度是搜索的心智与基因，腾讯是社交，而阿里是电商，它们可能会在一些子项目上能成功。但对大公司而言，大部分的子项目其实都很难成功。"事后诸葛亮谁都会做，如果一开始吴军没有一点胜算，他又何必从谷歌跳槽过来，仅仅是为了更优厚的待遇吗？

不妨对比一下搜狗和搜搜，表面上看两者都依附于各自的门户网站，而且搜搜还多一个优势，即可以通过 QQ 引流。但 QQ 用户有多少地方需要使用搜索功能呢？

腾讯不是没想过主意，2010 年 8 月发布的 QQ2010 正式版 SP1 中，多了一个很奇葩的功能：以往只在浏览器中出现的传统功能"拖拽搜索"与聊天窗口实现了整合，独创了无需启动浏览器即可在聊天窗口右侧边聊边搜的"划词搜索"功能，把更多精彩一"框"集成，随搜随知道。

表面上看聊天搜索两不误，用最直接的方式实现了搜索与社交的完美连接。较之前的只是将搜搜的搜索条嵌入到 QQ 面板上的用户体验更加高效。但是许多人使用 QQ 的习惯都是让面板自动隐藏在屏幕边框，基本对搜索条无视。在对话框这个 QQ 用户每天要用上无数遍的地方嵌入便捷搜索想法不错，可用户却不领情。笔者一个朋友的说法或许有一定的参考意义："我是来聊天、放松娱乐的，不是来参加《贫民窟的百万富翁》的，在朋友里秀最强大脑，会不会有点秀逗了？"之后这个功能在 QQ 上消失了。

根据数据统计分析服务提供商 CNZZ 的数据显示，2010 年 9 月，搜搜以 3.07%的市场份额排名第 4，前三名的市场份额分别是百度 74.51%、谷歌 12.31%和搜狗 3.85%。而在之前的 8 月，搜搜的市场份额还有 3.14%。

反观搜狗，靠东家搜狐的门户网站引流不可靠，而且也没有像 QQ 一样强有力的桌面承载，怎么办？它的选择是与搜狗输入法进行融合，2006 年推出的输入法有一个很核心的底层技术，那就是搜索引擎技术，让用户不仅可以将自己的词库保存在云端，还可以快速获得来自搜索引擎的常用词匹配。灵活的输入法让搜索引擎有了更多存在的必要，哪怕没有人直接使用搜狗搜索的页面框。而且这种植入非常自然，不但不影响用户打字，还能提速。

在和热门产品的融合上，搜狗和腾讯在理念上有本质的区别，我认为搜狗做到了不讨嫌，不碍事，能帮上忙，这是一个循序渐进的过程。腾讯的初念是想提供便捷服务，结果让用户体验变得有点不舒服，讨嫌了，实际上帮了倒忙。

搜狗之后还做了其他的融合尝试，比如学习腾讯做弹窗，使用输入法会弹出当天热词，能吸引用户点击，终点是相关词汇的搜索页面。

据 CNZZ 数据显示，2013 年 8 月搜狗市场份额已经达到 10.35%，居于占比 63.16%的百度和占比 18.23%的 360 搜索之后，名列第三，而第四名搜搜则只有可怜的 3.62%市场份额。三年时间里，搜狗长大了，而搜搜还在原地打转，优劣已经分出。之后搜狗和搜搜正式合并，搜搜彻底消失。还是那句话，远离了社交网络根据地的孤军很难成功。

不过在新搜狗时代，腾讯将微信内容搜索这个独家资源交给搜狗打理，让根据地为远征军备足粮草。显然腾讯吃完亏后开窍了，这就是试错的意义所在。

3.3.2 拍不响的电商

拍拍的诞生与搜搜的创立初衷类似，腾讯希望能够借助电商之力改变营业收入上过度依赖游戏的格局。这一次，腾讯的社交网络资源似乎可以被充分调动起来。

2005 年 9 月 12 日，拍拍诞生，紧随在淘宝之后走 C2C 路线，成为腾讯首个在域名上彻底剥离的网站。从实际操作层面上来说，拍拍还是走着在 QQ 面板上进行工具性植入的路线。

在创立之初就定位为“中国电子商务的普及者和创新者”的拍拍，一直以来都延续着腾讯的一个优良传统，即高效地进行模仿。在之后的几年中，腾讯又推出了从 QQ 会员官方店发展而来、立足于 B2C 的 QQ 商城来制衡天猫，以及成色混杂、兼容 B2C 和 C2C 的 QQ 网购。

腾讯的电商战略投入并不止这些，为了实现快速孵化，腾讯在电商领域进行了大量并购与合作，尤其是在 2011 年之后，为了弥补自身的短板，易讯、高朋网、F 团、好乐买、珂兰钻石网、五百城 3C 电器网等都被收归腾讯旗下，一个覆盖电子商务各种模式的庞大矩阵已然形成。为了给腾讯的电商业务提供强大的支撑，腾讯一度投入巨资支持易迅，其在上海建立的仓储库房远比京东的亚洲一号大。

但对于网购人群来说，综合平台电商里，淘宝、天猫、京东、当当、卓越亚马逊都耳熟能详；垂直电商里，凡客诚品、乐峰、聚美优品、麦包包也都各据一席之地；团购的世界里，糯米网、窝窝团、拉手网等也从千团大战中杀出重围……可这一切，似乎都和腾讯的电商矩阵们没有太多关联，原因何在？

一是品牌太过繁杂，以至于处处有布局，处处非重点。许多电商网站都是跟风的老二，而且没有一个统一的入口。QQ 面板就那么大点地方，腾讯官网也不可能给出更多的空间，QQ 聊天对话框上的边栏广告位无法满足那么多腾讯系电商的需求，而且本身就容易被大多数用户选择性无视。靠自己生长，又没有独家的商品，不败才怪。反观阿里巴巴，尽管也有多个电商类型，但都以淘宝网为主干，然后逐级分流，天猫、阿里妈妈、聚划算、支付宝其实都可以视为二级页面和子网站，这让流量更容易集中，同时精准分流。

二是和腾讯的体验背道而驰。一直以来，腾讯做得好的项目如 QQ、邮箱、安全管家、游戏都是闭环产品，腾讯对用户体验有完全的控制力，一旦出现瑕疵，可以很快进行调整。这是程序员马化腾赋予腾讯的，其实也是大多数程序员创立的纯粹在互联网运作的企业共有的特性。而在电子商务领域，腾讯能够控制前半段网上体验，而后半段需要商家、物流、售后等一系列配合，可以说是一个半开放的环境，此时腾讯就显然力不从心了。

三是和之前失败的众多腾讯产品相似，电商体系很难享受到来自社交网络的照顾，无法输血。腾讯的社交网络是个熟人体系，销售虚拟皮肤、游戏点卡方面的商品没问题，但这种体系对于电子商务这个基本上构建在陌生人环境下的产品体验链条，就很难发挥很大作用。微信时代，一些人利用微信朋友圈大做熟人生意，起初效果不错，但很快就被朋友们所厌烦，加上朋友圈的边界不是无尽的，仅仅做少量熟人生意很快就让他们对货品的需求饱和了，难以进一步拓展市场。这也是腾讯在微信大盛之时迟迟没有全力推进微信电商的原因之一。

中国电子商务研究中心于 2013 年 8 月 28 日发布的《2013 年（上）中国电子商务市场数据监测报告》显示：“国内 C2C 市场份额中，淘宝集市地位依旧稳固，截至 2013 年 6 月，淘宝集市占整个 C2C 市场的 95.1%，腾讯拍拍占 4.7%。”拍拍已经彻底一败涂地。

2014 年 3 月中旬，腾讯出人意料地宣布以 2.15 亿美元收购京东 3.5 亿多股普通股股份，占上市前在外流通京东普通股的 15%，同时，腾讯有权利在京东上市时继续认购 5%的股份。腾讯彻底放弃自己玩电商了，还是交给专业人士打理，自己负责帮忙输血就好了。

微信出现后，拍拍逐渐没落，微店开始大行其道，如图 3.5 所示。

图 3.5　拍拍微店宣传海报

3.3.3　“旋风们”的边界

《计算机世界》那篇《“狗日的”腾讯》其实有点夸张。腾讯确实处处燃起战火，但也因此承受了相当多的失败，尽管这些失败成为了试错，不过也帮助其找到适合腾讯特质、能够用社交网络输血的创新产品探寻了道路。

QQ 旋风败了。一度人们以为它会击败迅雷，因为腾讯完全有能力以本伤人。2009 年 11 月，迅雷推出离线下载服务，作为一种真正意义上的创新，它为迅雷带来了过百万的付费用户。2010 年 4 月，在迅雷离线下载推出 5 个月后，QQ 旋风推出“离线下载”，“免费”提供给 QQ 会员。6 月马化腾宣布不会对 QQ 旋风离线下载收费。当迅雷开始用视频来强化用户黏性时，腾讯也快速推出了同质化的 QQ 影音。最终迅雷挺过来了，旋风却没有多少起色。失败的原因何在？有人说 QQ 旋风的下载效果不好，QQ 影音的看片效果如同看枪版，这些都不是关键点，这些闭环式的体验可以不断通过技术来修补和提升，甚至超越前辈。主要原因还是 QQ 旋风离腾讯的社交基因太过遥远。话说，你聊天的时候要下载什么吗？

财付通败了。作为类似支付宝的山寨产品，它保持着和支付宝同样的技术水平，可惜腾讯的电商不争气，在某些方面更优质的财付通毫无施展空间。当支付宝走向余额宝，当各种互联网公司都在推出各种宝时，财付通沉默了，换成以打车应用和红包为当头炮的微信支付上场竞技。

QQ 宠物、QQ 爱墙、QQ 日历和 QQ 工具栏都失败了，失败的原因是因为这些产品离腾讯的大本营太远，没有后勤保障。

腾讯的失败边界在哪？我们可以用以下的同心圆进行界定。

最里层的圆是熟人社交网络。PC 端是 QQ，移动端是微信，而且免费。

第二个圆是熟人社交的增值服务。PC 端上的 QQ 空间和网络游戏是其中的典范。在移动端，微信游戏用极其简单的小游戏如天天爱消除、天天跑酷等成功站在了手机游戏的顶点，一个很关键的因素就是朋友圈中的排名与炫耀是真实朋友之间的虚拟竞争，就如当年的偷菜游戏一样。

第三个圆是工具性工具的保护层。QQ 安全管家、应用宝、QQ 输入法、腾讯网站、QQ 邮箱等产品直接根植在 QQ 社交产品之中，形式主要是迷你弹窗、微信内容推荐或进行深度绑定，这些看似不盈利的工具一方面成功模仿行业翘楚丰富了腾讯的产品线，另一方面也拓展了社交网络的服务能力，更重要的是它们增大了用户黏性，确保了腾讯社交网络的安全。

第四个圆是边境上的拓展层。电商、搜索引擎、第三方支付、视频站点等和腾讯在社交上的关系最稀薄，甚至谈不上传承关系，它们的目的主要有以下三个：一是把战火烧到假想敌的领土上，确保大本营的安全；二是在腾讯单纯依靠社交网络的一元体系下，寻找腾讯的第二级；三是这些领域大多很有"钱景"，腾讯想要尝试。这种作为防御、探索和试错战略的拓展层，成功了固然好，失败也没大问题，仅此而已。

如此论之，一个有趣的情况浮现出来，腾讯同心圆的构架从里到外恰恰形成了一个从免费到增值，再到免费，然后再到增值的形态，这就是腾讯的"免费畅游、道具付费"的盈利循环，与免费网游的运营模式相同。

3.4 微信是万能 OTT 吗

雷军的小米用米聊开始冲击社交市场，随着小米手机的热销，米聊也开始热起来了。社交的边疆正在被移动互联网的大潮撕开一个大口子。腾讯该怎么办？长此以往，企鹅的社交帝国将被蚕食。还好微信来救场了。

2011 年 1 月 21 日，腾讯推出一款通过移动互联网发送语音短信、图片和文字，实现多人群聊的简单手机聊天软件——微信。很快，微信击败了国内所有的竞争对手，包括自家的手机 QQ，成为熟人移动社交网络中当之无愧的 NO.1。在微信的凌厉攻势下，米聊、易信、飞信等移动社交前辈或同辈纷纷退出市场或转向其他领域：在公众账号方面，易信主打明星艺人资源，让用户通过易信与明星进行交流沟通，从而在夹缝中获得了一些空间；陌陌则完全走向陌生人社交，不和微信发生正面冲突。

微信改变世界，或许这样说有些过于夸大其果效，但毋庸置疑的是微信改变了整个移动互联网的生态。

3.4.1　张小龙干掉了 QQ

2010 年 11 月 19 日 23 时 58 分，张小龙在腾讯微博上写了句话：“我对 iPhone5 的唯一期待是像 iPad（3G）一样，不支持电话功能。这样我少了电话费一项支出，你可以用 Kik 跟我短信，用 Google Voice 跟我通话，用 Facetime 跟我视频。”

第二天，微信项目正式启动。当天，一个六七人的微信产品小组正式组建。当时，国内移动市场上有二三十个相类似的产品，其中最有名的是植入小米手机的米聊，在 2010 年 12 月 10 日发布后，一举获得了千万级的用户市场规模。2011 年 1 月腾讯发布微信，到了当年 10 月 1 日，微信登上了即时通讯工具软件第一的位置。

它的成功如此突然，秘密何在？张小龙的微博感言其实很清楚地说明了微信的构架，集最多的社交功能在一个应用之上，OTT 原有的社交产品，就这么简单。

张小龙因此被称作微信之父。其实在互联网产业刚在国内兴起时，张小龙就已经很有名。他的上一个产品是 Foxmail，一个邮件客户端软件，在互联网的混沌期时和 QQ 一样是用户的装机必备。

Foxmail 风行的原因很简单，网民们申请过许多邮箱，每次登录网页去检索邮件很麻烦，往往很难在第一时间查阅新收的邮件。张小龙解决了这个问题，安装 Foxmail 后就可以在一个界面上收发各个邮箱的邮件，而且定时收邮件的功能让用户免去很多麻烦。

在 Foxmail 身上反映出来的品质集成，其实在微信身上也有充分的体现。微信其实就是这样一款高度集成移动社交需求的应用集成。

表面上看，高度集成会很复杂，但微信却很简单，至少在一开始的时候够简单。所谓集成的功能，本身就是利用智能手机的现有功能加以互联网化。图片分享对应的是手机高清摄像头，手写输入对应的是多点触屏，语音对讲对应的是高清麦克风和扬声器，查看附近的人对应的是 GPS 定位，摇一摇对应的是重力感应器。对智能手机标配硬件的再创造高度融合在一个微信里，也就创造出了 OTT 的效果。对于张小龙这样的极客气质浓郁的团队首脑来说，与其无中生有，不如拿现有的材料创造出新的玩法。张小龙的风格决定了微信的风格。

微信发布后，首先感受到威胁的不是米聊和飞信，尽管它们都是基于手机电话本的即时通讯应用，走的是熟人社交路线。米聊认为自己的小米手机黏合度足够强大，而诞生于 2006 年的飞信认为自己作为通信运营商提供的免费短信服务，用户很受用。真正有危机感的是腾讯的手机 QQ。

马化腾深知这个新产品会伤及手机版 QQ，但如果不做，别的企业还是会去做，到时候腾讯将落得跟柯达、诺基亚一样的下场。他给了张小龙 1 亿元人民币，由张小龙自己找人组队。

张小龙不是唯一的幸运儿。微信诞生两年后，马化腾在一次演讲中说："微信概念出来的时候，有三个团队都在做。"其实这很符合马化腾的产品思维，正如前一章所揭示的那样，微信一开始只是个试错型的防御产品，是腾讯边界上的一个并不重要的兵力部署而已。无论事情的真相是什么？至少有一点可以确定，张小龙一开始给微信的定位就是做移动互联网上的 QQ。

决定微信成功的原因不是因为它是短信和语音的最佳替代品，而在于它让社交基因获得高效的释放。手机 QQ 没做到的事，微信做到了，它就革了手机 QQ 的命。一个世界里只能有一个强者，微信至今都没有真正意义上的 PC 版本，它不可能成为 QQ 那样的 PC 端平台，也无此必要，做好移动端的相关工作就足够了。最终，微信如张小龙所愿成为了 next QQ。

手机 QQ 为什么会败，前面阐述过原因。除了上述原因之外，还有一个小小的致命因素——手机 QQ 太复杂了。

在移动互联网上，太过复杂的东西很难有生命力。说简单点，手机屏幕就那么大，不可能像电脑屏幕那样放下太多的东西。因此功能越复杂，按钮越多，用户就越无法有好的体验。用一句揶揄的话表示就是大号的手指头在五六寸的屏幕上是很难点到米粒一样大的按钮的。

QQ 发展得太久了，功能太全了，因此在移植到手机屏幕上时，功能就显得太多了。但不多又不行，用户体验有时候很难拿捏，缺少某些功能我会不习惯，可加上去了，我更不习惯。

手机 QQ 一开始就是作为 PC 版的移动移植版，因此研发者总是不厌其烦地想要给它增加更多的功能。如手机对讲、匹配通讯录之类的功能是微信起步的王牌，之后手机 QQ 上也有了相似功能，但在体验上，用户依然不习惯，可能内心中也会有一个疑问："这么多的内容，会不会耗费很多流量呢？"

手机 QQ 的功能太多，而且全绑定的话体量太大，太过平台化了。大而全的手机 QQ 败给小而精的微信，结局一开始就注定了。至于其他功能，微信采用插件的方式让用户根据自己的习惯，自由选择是否"植入"。在微信的功能栏里有这样一句话："你可以停用多余的功能"。

另外还有个简单原因让微信战胜了手机 QQ，那就是经过十多年的发展，对于用户来说，QQ 上的好友已经太过臃肿，不那么纯粹了。微信给了他们一次洗牌和浓缩的机会，在手机上重新建立一个相对精简的朋友圈。

微信顺道也把小米的米聊给收拾了。2013 年 1 月，小米公司过其官方社区对外宣布，小米公司董事长兼 CEO 雷军开放官方微信账号，雷军将通过其微信官方账号对外发布小米的最新消息。这里面的意义不言而喻。谁让米聊只为米粉服务，硬件设限就是边界，小米掉进了腾讯掉过的坑里。

3.4.2　红包也帮不了打车

在中国，微信的成功更多被解读为背靠腾讯社交网络这棵大树。诚然，没有腾讯的树荫，微信很难有今天的成就。如果腾讯不进入，或许会有类似微信的产品独领风骚，只是不叫这个名字罢了，可事实真的仅仅如此吗？

2011 年 6 月，苹果 iOS5 发布，其中最重要的一项 iMessage 服务同样可通过网络免费发送文字、图片、视频信息。我们无须去划定山寨和借鉴的分界线，对于任何一个企业来说，没有绝对颠覆性创新的产品，只是在现有产品上进行微创新，颠覆与否就在于是量变还是质变。

在中国，iMessage 服务并没有多少用户群，一是因为用户可以通过微信使用类似功能；二是苹果用户尽管众多，但终究是有限的，iMessage 仅仅作为 IOS 和 Mac os 系统之间的通讯工具，直接将庞大的 Android 用户排斥在外，这一点就让其有了破绽。当跨平台、跨运营商的同类产品出现时，失败就是注定的了。米聊不就是这么败的嘛！

微信也犯了类似的错误。最突出的实例是在打车大战中。

2014 年 1 月，由嘀嘀打车和微信支付挑头，在全国 32 个城市以“乘客立减 10 元，司机立奖 10 元”的返现方式推广手机支付。仅仅 10 天后，快的打车与支付宝宣布在全国 40 个城市推出“乘客返现 10 元，司机奖励 15 元”。开始，大众只是将这场打车补贴大战看做是 2013 年打车软件混战的一种延续。给予高额补贴一直是打车软件们用以开拓市场的最佳方案，只不过这次补贴的发放对象由过去的司机群体扩大到了乘客。

很快，这一策略激发了大众特别是屌丝群体的参与热情，一个计算公式在微博上广泛流传：“实际打车费为 25 元，司机要求用微信和支付宝分别付款一次，这样司机可多赚 20 元，乘客少支出 20 元。”结果显而易见，根据嘀嘀的官方数据透露，1 月 10 日至 2 月 9 日，嘀嘀打车中每日微信支付订单数平均为 70 万单，总微信支付订单数约为 2 100 万单，补贴总额达 4 亿元。

请全国人民打车，腾讯没有那么客气。之后，腾讯在春节期间推出的另一个产品微信红包将真实的战略意图暴露无遗。更具娱乐色彩和节日气息的微信红包以活动的形式，通过社交应用直接切入，几乎在一夜时间成为手机用户最热门的游戏，绑定银行卡、激活微信支付、收发红包成为游戏中必不可少的环节。通过微信红包普及移动支付是腾讯的根本目的，这也是它友情赞助嘀嘀打车，请全国人民打车的最深层原因。

可花钱并不能买来忠诚。无论是微信支付还是支付宝，都没有在这次轰轰烈烈的打车大战中收获梦想中移动支付的大蛋糕。既然谁都落不到好，那就停战吧。结果是 2015 年 2 月 14 日情人节，两个曾经的死对头滴滴和快的竟然奇迹般地合并了。“合并是双方所有投资人的共同期望。”快的打车 CEO 吕传伟在所谓的内部邮件里面这么说，“我们要做到打则惊天动地，合则成为行业典范。”

小趣闻

2 月 14 日，滴滴打车与快的打车联合发布声明，宣布两家实现战略合并。滴滴打车 CEO 程维发出内部邮件，其中有这样一句话：“我们和快的走到了一起，还拉着腾讯和阿里走到一起，一定有很多人惊呼又相信爱情了。邮件给大家报喜，随后会正式对外宣布，算是我们送给全国人民的情人节礼物吧。”

失败的原因是多方面的，如用户还不习惯用手机来付费；仅仅用补贴的方式进行推广，一旦结束，用户会产生心理落差；没有更多支付场景可实现，仅靠打的一项，用户的兴奋度上不来。

对微信本身而言，这场打的大战或许在一开始就注定失败。原因是微信支付作为微信的一个功能选项出现在次级页面，这显然违背了 App 足够简单，简单到将主要功能放置在“首页”的设定。

当然，不是不可以放在“首页”，但那样会破坏微信本身的生态环境，风险更大。鱼与熊掌间，微信选择了保持本色，用过亿的推广费为次级页面上的应用撞大运。

创新必须够简单。

3.4.3　O2O 再次撞墙

对于腾讯董事局主席兼 CEO 马化腾而言，微信商业化无疑是其在 2013 年迈出的重要一步。微信 5.0 版正式亮相后，腾讯在电商领域的想象空间正在逐渐展开。对比以前的版本，新微信引入了支付、表情商店、游戏中心、扫一扫等功能。其中扫一扫功能可扫描二维码、条码、封面、街景并进行翻译，这显示出微信试图全方位连接线上与线下的野心。这是一个庞大的战略构架，而该战略的基本点被放在电子商务之上。

打车大战显然就是这个电商企划中的一个重要棋子，也显露出了腾讯借助微信开启移动电商的基本规划，即 O2O 模式，腾讯开始开发电子商务目前的盲区：线下。

微信的成果斐然。2014 年中，打车大战的硝烟散去后，微信支付与全球最大的中文旅游平台移动客户端去哪儿网达成合作。之后双方宣布在接入不到两周的时间内，去哪儿网的微信支付交易量即超过 1000 万。这是微信支付继与海底捞、嘀嘀打车、大众点评网、七天连锁酒店、7-Eleven 等在 O2O 领域合作的又一次成功案例。

不过上述成功并不代表微信已经真正接到地气。和微博相似，作为社交应用的微信本身虽可以海纳百川、兼容并包，但其社交的根本属性一直是和电子商务相背离的。对于用户来说，微信是一款基于熟人社交的工具，更多的使用功能还是聊天和分享照片，突然在交友会所里开始叫卖起商品，一段时间内会吸引眼球，甚至牵动消费，但新鲜感一过，就可能沉寂无声了。

君不闻，2013 年在微信朋友圈里此起彼伏的叫卖声吗？几乎被神话的朋友圈营销可以被视为是传统电商走社交路线的一种另类接地气表现，其之后的发展如何？大多数朋友圈里泛滥着各种各样的商品，人们从一开始的新鲜到之后的无视反应，让这种营销模式很快失去了魅力。

微信版的移动电商与朋友圈营销最大的区别在于不走社交路线，而是直接用移动支付省钱的诱惑模式打开市场，这让其可以绕开社交模式的“朋友短缺”瓶颈，无缝接入每一个微信用户的手机。但和微信的核心功能没有交集的移动支付只能存在于微信的底层页面中，而非微信上最被人们关注的一、二级页面，距离入口依然太远，时下完全靠新鲜感来提高页面转化率。

如果不能找到和社交的结合点，哪怕只是如微信游戏那样主打朋友之间的排名那样简单，微信移动电商将自始至终只是社交网络一个无关紧要的花瓶和点缀。当然这不是不可逆的，比如将移动支付直接置于客户端的一级页面上，缩短购物链，提升转换率。再比如将移动电商的购物体验或消费比分进行类似微信游戏那样的排名，以刺激消费者的攀比欲望……但这些都会直接伤害到移动社交本体，毕竟这不是娱乐，而是消费。

接地气会有人气，只是能维持多久呢？显然，电商这条路和微信的社交基因有点不搭界。

2015 年春节晚会上，腾讯又开始了新一轮的进攻，这一次腾讯牵手京东，把拍拍变身成拍拍微店，并在春晚的“摇一摇”大战中在微信抽奖里反复植入微店优惠券。手机 QQ 也跟进春晚，用“点评节目即抽奖”的方式派出了不少微店优惠券。

这一次腾讯继续利诱路线，不过因为有电商大佬京东的加盟，参与度和成交量提升不少。但这已经不是腾讯的边界了，它只是做了铺路石和搭桥工作。

3.4.4 娱乐产品还是游戏好

一连串在微信上的深度 OTT 尝试无果，也让腾讯回归到以前的路数，走 QQ 走过的路。电子商务不好搞，那就先玩游戏吧，这个是娱乐事业最好的发展路线，而且以前也很成功。

2013 年 7 月 8 日，首款基于腾讯移动游戏平台的手机游戏《天天连萌》发布了删档内测版，游戏引入了微信及 QQ 的用户关系链，提供了向微信/QQ 好友推荐游戏，分享游戏至微信朋友圈及好友排行榜等功能。

之后，微信游戏的成绩让业界跌破眼镜。2013 年 10 月，腾讯移动游戏平台发布的《天天酷跑》游戏月收入过亿元，成国内第一款月收入破亿的移动游戏，如图 3.6 所示。据腾讯网游戏频道的报道，9 月 16 日《天天酷跑》正式发布时，上线仅 24 小时便成功夺得 App Store 免费排行榜、畅销排行榜双料冠军。《天天酷跑》第一天收入就突破 500 万元，并在最初半个月时间内保持该日均收入纪录，该游戏日峰值收入约 700 万元左右。值得注意的是无论是《天天酷跑》，还是腾讯之前发布的《天天连萌》、《天天爱消除》，很大程度上都只是对市场上流行的、玩法简单的休闲手机游戏进行了再创作，并融入社交化因素。结果依托这些“山寨游戏”，下半年才进入手机游戏领域的腾讯目前俨然成为手机游戏的大佬。

图 3.6　超萌的《天天酷跑》成了第一个吸金状元

2014 年中，据市场调研公司 App Annie 的调查，在苹果公司 iPhone 上运行的中国 10 大收入最高的手机游戏中，来自腾讯的占了七个。

强大的微信游戏旋风直接渗透到了用户的生活之中，各种朋友游戏排行，各种游戏成绩炫耀，显然微信游戏找到了自己的根本立足点，不是游戏制作水平上有多顶级，而是要让玩家之间能够有得一比。

就这一点不同，让微信游戏有了不一样的味道。如果是做电商，微信里都是朋友在做生意，太过于利益化。电子商务其实和实体商务没多少区别，都是先做陌生人生意，然后依靠口碑逐步变成回头客，中间或许有极少数会成为朋友，但终究在一种利益的纽带下连接而有所变味。游戏则不同，属于娱乐，和朋友一起玩的感觉就完全不一样。当年偷菜这样的小游戏之所以火爆，其原因也在于此。

游戏的最强要义其实也在于社交，一个好游戏如《魔兽世界》和《传奇》能够通过共同战斗、一起游戏，让陌生人逐步建立感情纽带形成一个虚拟社区，以至于游戏已经没人玩了，但还有很多人在里面聊天。微信游戏则直接跳过了这个复杂的步骤，让熟人们参与游戏，昔日魔兽世界贴吧里流传出来的“哥玩的不是游戏，是寂寞”，在微信游戏中找到了解药。

这似乎再一次印证了之前的判断，微信的边疆拓展依然需要在社交网络的强大输血功能上创新，离开了根据地后很难存活。有了根据地的支持，衍生品才有可能赚到钱。要想和微信游戏一样取得成功，腾讯其他衍生品的基因必须具有社交功能，必须娱乐至死。

3.5　延伸阅读：粉丝经济的另类活法

腾讯是国内互联网企中粉丝经济的最大受益者，没有之一。除了已知的腾讯粉丝经济玩法外，还有什么其他的粉丝经济玩法可资借鉴？或许数字音乐领域及国外 IM 们的经验能够提供更多的思考与借鉴。

3.5.1　数字音乐：靠粉丝经济能救活吗

据媒体报道，2014 年 11 月 18 日“羽泉 2014 新品发布会”于北京成功举办。在发布会现场，海泉亲自展示了第十张原创专辑《敢爱》的多种“硬件”载体，也宣布了组合接下来将与乐视音乐合作联手打造第一场“线上+线下”全流程互动式演唱会：“羽泉圣诞秀・第五季”。请注意，羽泉的活动上写着“新品”二字，没有一点艺术气息，非常商业化，如图 3.7 所示。

这也是继与汪峰 O2O 付费演唱会直播大获成功后，乐视音乐再次与顶级音乐人携手推动“演唱会付费模式+互动模式”的全面革新。线上付费 Live 现场似乎成了一直赚不到钱、陷入版权纠葛的数字音乐们的福音。

图 3.7　羽泉发布会满满广告的爱

大牌路线解决不了问题

做线上付费 Live 现场，其实是许多数字音乐平台的共识。早在年初，乐视音乐频道副总编尹亮就对外透露称：“避开一味地囤积音乐版权操作，乐视主要靠视频网站做 Live 现场，试图做音乐网站中的“设计师品牌”。

汪峰的付费演唱会就是用来试水的一个棋子。尹亮在演唱会后用刷朋友圈的方式表达了成功的喜悦：“为线上付费直播买单的人超过 4.8 万，次日又有 1.6 万人为回播付费”。

不独乐视有奇招，其他平台的想法也颇为新颖。2014 年 10 月，由光线传媒制作的大型全媒体互动音乐真人秀《中国正在听》在京揭开面纱，该节目吸引了庾澄庆、李宇春、蔡依林和李健四位明星听审加盟，震撼的声效舞美和直播互动也颠覆国内音乐选秀模式。与通常的选秀节目不同的是，此次真人秀有极强的互联网基因。整个选秀没有“评委”、“导师”的设置，只有“音乐听审”，真正的生杀大权掌握在听众的手中，完全是互联网粉丝投票模式。

大热综艺节目《中国好声音》就曾将其第三季的音乐版权进行单独分销，也让互联网企业看到了全新的机遇。据获得《中国好声音》第三季音乐版权的天天动听方面介绍，这次与“好声音”合作不只是简单的音乐层面的移植，更是将电视荧屏与手机互联网首次紧密联系在一起，喜爱“好声音”的观众可以直接参与到节目进程中。据称，天天动听将与 CNR“音乐之声”等全国百余家电台紧密合作，依据学员歌曲在平台上的试听和下载量推出“好声音”人气榜单。相关数据将在“好声音”节目中不定期公布，为导师评判学员人气和市场号召力提供可靠依据。

利用互联网音乐分发方式和粉丝经济模式进行的数字音乐盈利创新被舆论热捧，其或许有希望成为解决数字音乐盈利与版权双重困惑的一把钥匙。

不过也有些人持不同的观点。“很显然，版权保护问题通过线上付费 Live 现场可以得到很好的解决，也可以创造盈利，但这仅限于个案。”业内人士指出，“汪峰、羽泉、中国好声音等都是对公众有一定号召力的品牌，因此在互联网上容易形成粉丝经济。但对于那些知名度不高的歌手、歌曲和节目来说，这种粉丝经济不可模仿。”

有人测算，按人均 30 元的网络票价计算，6 万余观众带给汪峰演唱会的总收益也不过近 200 万元，对应这场演唱会直播的规模来说未必赚到了钱。

数字音乐终将收费吗

滚石移动 CEO 李敬认为中国网络音乐最终会走向收费。当然，他的这一观点有一个大前提，即音乐客户端的数量集中到两三家，在几十家客户端分割市场的时候，收费是没有可能的。

李敬在接受凤凰科技采访时提到了汪峰的案例：“大家觉得看一场现场演唱会花一千多块钱买演唱会门票是可以接受的，但是网络上大家认为应该是免费的。汪峰演唱会的数据让我们行业内的人非常高兴，非常欣喜。乐视并不是一家非常大的网站，用户数并不太多，但是它有七万五千个用户付费，一场演唱会 30 块钱我们认为收费是比较高的，这么高的收费，这么大的比例，我觉得效果还是好的。”

李敬的观点中包含了网络如何收费的思维，即不仅仅是“把音乐搁上去大家花钱买就行了，而要提供好的音乐服务，如基于场景的服务，比如根据用户喜欢的歌手，在特定的场景下喜欢听什么音乐，给出合适的推荐，这是很典型的个性化音乐服务”。不过目前这样的大数据匹配似乎还没有在产品层面真正做到精致。

现在，音乐平台开始强化与知名唱片公司的深层次合作。2014 年 11 月初腾讯传出消息，其将作为华纳音乐在国内互联网音乐版权的总代理方，拥有华纳唱片的独家分销权。这意味着之前与华纳音乐合作的在线音乐平台在执行完之前签署的合作协议后，如果希望继续获得华纳音乐的版权，则必须通过腾讯 QQ 音乐才可以获得相关资源。

由此，腾讯直接将版权入口放置在了最上游，也将维权的力量集中在了一起。“过去因为华纳音乐多头合作，导致许多音乐被盗版，因无法确定哪个平台拥有版权而形成的知识产权真空将得到有效遏制。”业内人士指出，“腾讯成功垄断华纳的方式或将被其他平台效法。而如果只有一个地方才可以下载到听众喜欢的音乐，收费也就有了可能。”

但难点在于歌手们现在已经开始走向数字化和网络化，与传统唱片公司渐行渐远，加上想要进入数字音乐市场的企业还有很多，这样的谋划并不容易实现。

新的力量在崛起中

据《2014 中国音乐产业发展报告》显示，2013 年中国音乐产业市场总规模达 2716.56 亿元，而数字音乐市场规模达到 440.7 亿元，占据音乐产业核心层的 73.9%。其中无线音乐市场为 397.1 亿元，有线音乐为 43.6 亿元。

这样的红利让众多企业眼热。2009 年就进入该市场的天翼爱音乐，虽然背靠中国电信这面大旗，却一直没有多少建树。不过在大潮流下，其也开始利用手中握有的版权和资源探索数字音乐市场的新路。

天翼爱音乐最典型的事例是与《中国好声音》合作，首次尝试在电视节目歌曲播出期间，用户可以通过爱音乐客户端同步进行高品质无损试听、手机彩铃订购、音乐全曲下载等服务。天翼爱音乐显然将自己手中的独家资源发挥到了极致。

另外，天翼爱音乐还出了一个奇招“蜂巢”音乐计划，给没有无线互联网推广渠道的音乐人提供机会，用户可以在“蜂巢”的平台上根据自己的喜好，通过“可见即可得”模式快速制作 App。在制作过程中，相关作品也一站式地完成了版权登记和常规音乐作品问世所需要的营销推广。

尽管功能如此强大，效果却收效甚微。根据官方数据显示，“蜂巢”计划已经有 3200 个 App 问世，并有千余万的下载量。平均计算，单个 App 的下载量不过数千，在 App 以 10 万点击量为生死线的大背景下，“蜂巢”平台的传播效力未必比传统数字音乐平台高。

此外，通过众筹的方式实现音乐版权的收益模式开始崭露头角。众筹平台乐童音乐 CEO 马客曾提到他们平台目前最大一笔的众筹项目是黑胶唱机，筹款 102 万元。

另一个有趣的动向来自网易。通过印象派的个性化定制电商积累了经验后，网易和美特斯邦威联合推出一款“音乐内裤”，如图 3.8 所示。据媒体报道，在“音乐内裤”的裤腰正中有一个二维码标识，用手机扫一扫这个二维码就能连接到网易云音乐，播放《小苹果》、《倍儿爽》等不同款内裤所对应的歌曲。

显然，网易和乐视、天翼等公司想到了一块，“音乐版权变现依然要靠有效的形式来保障版权，音乐内裤很难山寨，也很独家，就和汪峰的演唱会一样”。业内人士指出：“数字音乐的版权保护，其实更需要在版权之上进行个性化的创造，形成更多的产品延长线和衍生品做增值服务，这样有强烈个性化需求的时尚人群才会为此买单。仅仅是下载音乐这种老套路，还是免费为好。”

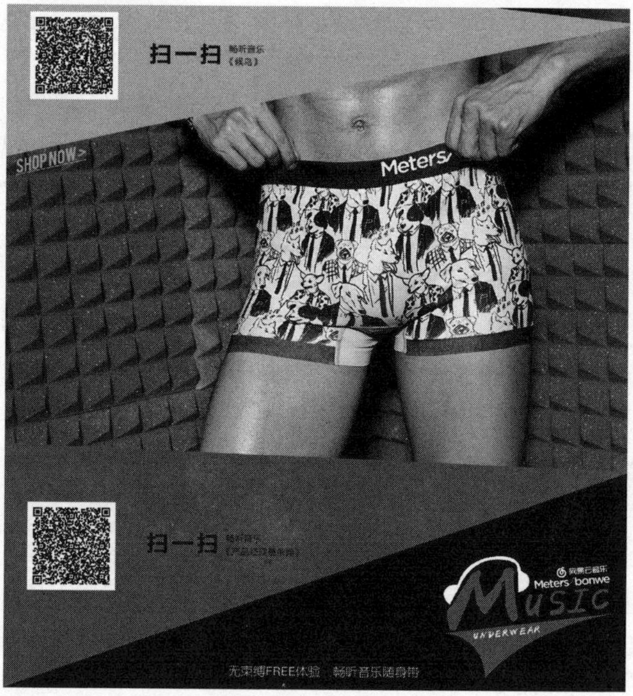

图 3.8 传说中的音乐内裤海报

3.5.2 Kakao：IM 的第三条路

2014 年 5 月底，韩国第二大门户网站 Daum 和最大手机应用程序提供商 Kakao 宣布合并，组成市值达 3 万亿韩元（折合人民币约 182.59 亿元）的全新公司“Daum Kakao”。作为 Kakao Talk 第二大股东的中国企业腾讯，将从此次合并中获取高达投资额 5 倍以上的利益，约 3.5 亿美元。

被国人称为韩国版微信的 Kakao Talk，其成功和腾讯并没有实质性的联系。相反，作为投资者在此次合并中受益的腾讯，在未来的全球市场角逐上可能会直面韩国 Kakao Talk 的挑战。

亚洲模式下的国际化进击

表面上看，Kakao Talk 的 1.4 亿注册用户量距离微信的 6 亿注册用户还有很大的差距，但如果将其放在 5000 万韩国人口和 13 亿中国人口两个大分母下进行考量，则可以看出高下差别。

2010 年，Kakao Talk 一上线便立即席卷了整个韩国市场，如图 3.9 所示。如今，Kakao 平台上每天发送的信息数量相当于韩国三大电信运营商发送短信总数的 3 倍，且 Kakao Talk 在韩国智能手机上的渗透率达到 93%。

图 3.9　会卖萌、卖周边的 Kakao

不过 Kakao Talk 更令人惊讶的是其极强的盈利能力。与其他 IM 应用不同的是 Kakao 早已经完成了盈利，据其 2013 年的财报显示，当年营收达到了 2.03 亿美元，净利润为 5900 万美元，这种盈利能力首先表现在游戏上。数据显示，在韩国 Google Play 的游戏 Top 10 排行榜上，有 9 个都是 Kakao 游戏平台上的游戏。在韩国区的苹果 App Store 上，前十位最受欢迎的游戏有 7 个来自 Kakao 游戏平台。2014 年 5 月中旬，该公司宣布 Kakao 平台下载量突破 5 亿，这意味着该平台在 iOS 和 Android 设备的应用下载量已经达到 5 亿次以上。出现这一结果的原因和微信类似，移动社交背景下的熟人圈子内的游戏比拼和分享。即依靠和社交应用主功能联系紧密的游戏、表情贴图或类似博客的周边产品实现盈利。拥有 4 亿用户、由热播韩剧《来自星星的你》中变身日常联系工具的 Line 采取了相同的盈利模式。这被誉为是亚洲 IM 盈利模式，和欧美市场的同类产品如 WhatsApp 的盈利模式不同，后者主要依靠 OTT（互联网公司越过运营商，发展基于开放互联网的各种视频及数据服务业务）功能，收取低廉的年费。

虽同属亚洲模式，Kakao Talk 和微信、Line 这种更多依靠某一特定区域市场的地区级杀手应用有极大的区别。1.4 亿用户的保有量已经远远超越了韩国用户的范畴，目前 Kakao 支持 12 种语言，可以推广到全球 200 多个国家和地区，这显示了其国际化的能力。要知道，微信一直想要在本土市场以外建立活跃的用户群，并为此投入不菲资金，但在中国之外的市场都没有成为市场份额第一的消息类应用。

Kakao 能创造这种跨区域市场拓展力和强悍盈利能力的关键就在于其基本商业模式表面上看和微信相似，两者间实则有很大差别。以具有极强盈利能力的移动游戏，前者采取的是抱团取暖策略，微信更多的是单兵作战。

建立周边领域同盟军

Kakao 在远交近攻状态下采取的是合众连横策略。在自己移动社交的主流领域，Kakao Talk 决不让他人分一杯羹，且积极和韩国电信运营商进行对抗。2013 年 3 月，韩国通信委员会批准了韩国运营商提出的针对 Kakao 等 OTT 服务收取额外费用的请求，其中引发争议最大的是关于运营商也可以“掐断”OTT 语音流的要求。虽然运营商最终因公众的反对并未全面实施政策赋予的权力，但这也深刻地反映出运营商的恐惧。

与此同时，Kakao 在其他移动社交的周边领域建立同盟军，特别是盈利能力强大的游戏领域，Kakao 现在有超过 230 个合作伙伴，通过 Kakao 为 450 多个游戏进行了推广。在游戏运营 1 周年时，Kakao 披露 2013 年上半年实现营业收入达到 3.11 亿美元。

Kakao 利用其庞大的社交网络受众基数成为一个应用分发平台，这是其商业模式的一个核心内容。但只做应用分发依然不够，Kakao 某种程度上很像腾讯，只要是有赚钱机会的领域都会插上一脚，只不过腾讯偏好独家，而 Kakao 喜欢借势。

比如类似微信公众号的功能“Plus Friend”，允许用户成为零售店品牌、媒体窗口以及社交名流等公共账号的“虚拟朋友”。通过 Plus Friend 功能，商业品牌或明星可以通过支付一定费用向粉丝发送消息、优惠券和实时信息，这已经成为了 Kakao 的第二营收渠道。该付费模式也使得商家会更规范和可靠地执行相关操作，同时也让用户对商业内容更有信任感，不至于发生类似微信清理集赞行为的营销乱象。

被视作 Kakao 排名第三的营收渠道是虚拟商品和实体商品的购买，该渠道打通了移动社交的电商管道。虚拟商品购买在某种程度上类似 QQ 空间的各种付费内饰。值得称道的是在商品交易上，Kakao 极大地利用了移动社交的特性，用户不仅可以付费购买表情贴图等虚拟物品给自己的朋友，还可以赠送如星巴克咖啡消费券或施华洛世奇钻石项链等实物礼物。据 Kakao Talk 联席 CEO Sirgoo Lee 称服务推出后，在 2013 年圣诞节和情人节期间，部分实物产品在 Kakao 上销量喜人，而 Kakao 也能从中分得一杯羹。

寻找同盟军的策略几乎延续到了 Kakao 的每一个拓展层面，如近期推出的内容售卖平台。Kakao Page 为了绕开苹果和谷歌，建立自己专有的数字内容售卖渠道，亦在积极寻求传统出版界和自媒体领域的合作者。为了更加吸引合作者，Kakao 宣称三年内这个平台将要产生超过 100 万个可以盈利的合作方。

庞大的合作伙伴群体让 Kakao 从简单的移动社交应用变成了移动互联网上的内容供应商，当下 Kakao 已经推出了十几项服务，包括基本的通讯服务、移动游戏、类似 Instagram 的照片分享、在线购物等，所有这些服务都用鲜亮的颜色出现在用户界面上。而在国人熟悉的微信上，类似的移动支付、在线购物等内容都需要在次级或更多翻页状态下寻找。

互联网级的企业文化

Kakao 一直采取广泛合作的姿态，一个重要原因是其没有微信和 Line 那般财大气粗，必须靠不断的创新来进击市场才能免于被淘汰，而和目标领域的既有成功者进行资源互换，无疑是降低风险的一个有效手段。

Kakao 的企业结构是扁平化的。在 600 多个员工中，只有三个层级：CEO、部长（职能部门负责人或项目组组长）和组员。难能可贵的是部长和组员之间几乎没有实际上的层级区别，员工在两个层级之间经常发生位置变换。如一个新的创新项目组建，曾担任部长一职的员工可能因为所拥有的技术特征成为新项目组的一员，而提出创新思维的普通员工则可能成为带团队的组长。过去在亚洲传统企业中极度忌讳的越级上报，在 Kakao 中也变成常态。任何一个员工都可以直接向 CEO 层级的人员陈述自己的创新理念。理念一旦被采纳，就可能会“升职”，这极大激发了员工的创新热情。这让 Kakao 面对互联网领域中的创新甚至是颠覆性创新时，具有了极强的反应、适应和介入能力。

Kakao 发展迅猛不仅得益于“直通车”式的企业管理，还得益于细胞化的组织结构。由于组织结构扁平化，Kakao 基本上就是一个战略决策高层和以部（组）为单位的若干个细胞级的组织。Kakao 提出了适应于互联网模式的“4-2”原则，即小组共 4 人，包含一名产品经理、两个程序员和一个设计师，密集专注于项目开发，2 个月后若无明显成效，就立即舍弃换下一个项目。这样的基础架构让其创新变得更为高效快捷，也使得其产品架构变得极其分散，形成了一个有基础的移动 IM 应用。庞大且多元的互联网细分行业元素为集群的 Kakao 用户提供了一个体验平台。

进击全球市场的壁垒

拥有诸多优势的 Kakao，其未来依然有着极大的变数。活下去并不难，难在和微信、Line 以及 WhatsApp 等移动 IM 角逐全球市场。

Kakao 发展的一个关键制约因素是缺钱。缺少足够的资金，让其在面对微信、

Line、WhatsApp，进军诸如马来西亚、菲律宾以及印度尼西亚等东南亚市场时，难以有效开展产品营销攻势而落入颓势。毕竟在目前移动 IM 已经培育成熟的主流市场上，用户很难舍弃已经占据市场主导地位的那些移动 IM 产品，而新市场的拓荒永远是以金钱、利诱为核心主题的。

选择和韩国第二大门户网站 Daum 合体，是 Kakao 增强自身实力的选择，而计划于 2015 年 5 月进行 IPO 则是为拓荒储备足够的资金。不过现在 Kakao 也开始遭遇成长的烦恼，尽管多线扩张，游戏营业收入依然占据了 Kakao70%的收益。近来 Kakao 在游戏推广上的疲态，也让一些合作伙伴有所不满。近期相关媒体对 Kakao 平台上 10 余款游戏进行调查发现，Kakao Talk 的下载影响力在一周左右达到最大，之后开始不断下降，总共能带来约 10 万次的下载量，约 4000 万韩元的收益。但是随着平台上游戏产品越来越多，使得这样的营销效果开始逐步下降。

进军海外和保住固有领地让 Kakao 面临内忧外患的处境。而无法在减价大战和营销大战中比拼金钱实力的 Kakao，只有创新一条路，以创新不断黏合用户体验，形成金钱也无法替代的强大口碑，为 IPO 赢得时间和号召力。

入市不久的 Kakao 能否创造出更多不同于微信的商业奇迹，还需要等待市场的进一步反应和消化。

第 4 章 极致单品能否击穿钢板——小米

2014 年 12 月 16 日是雷军 45 岁生日，当天他收到了两份来自对手的“大礼”：一份是 360 投资结盟酷派手机，另一份是华为发布新手机荣耀 6 plus。他对前来采访的记者说：“这个行业的竞争恐怖得一塌糊涂。”但对于被网友戏称为“雷布斯”的雷军，这两份大礼并不足以让其担忧。小米已经成为互联网思维和颠覆式创新的样板案例。

这家成立于 2010 年 4 月的年轻公司有充足的底气。据 IDC 最新的统计数据显示，仅在 2014 年第三季度，小米手机在全球的销售量为 1730 万台，占据全球 5.3%的市场份额，紧随苹果和三星之后爬上了全球销售量第三的宝座。而且，其企业估值更是高达 450 亿美元，在国内互联网行业中仅次于 BAT，被看做是第四大互联网企业。就在雷军生日的前两天，美的集团发出公告称已与小米科技签署战略合作协议，小米 12.7 亿元入股美的集团。雷军的互联网思维开始向着“互联网+”的方向进一步迈进。

小米真的是神话吗？与争议和追捧相伴而生的小米，其互联网思维是什么？

饥饿营销？极致单品？还是参与感？小米模式真是“不败金身”吗？

应该这么说，小米作为一个互联网公司从诞生伊始，就将智能手机、智能电视及各种传统产业可以智能化的物件作为目标，其本身就是一个跨界的存在，一个典型意义上的互联网+试验田。

4.1　是抄袭者还是领航员

2014 年 10 月 11 日，对于“米黑”（发布对小米不利言论的人群统称）来说是一个节日。来自各界的抄袭指责让小米的开创者角色蒙上了新的阴影。

就在苹果公布 iPad Air 2 和 iPad mini 3 等新产品前夕，其设计主管乔纳森·艾维 11 日出席“名利场峰会”，在提问环节中就观众问到关于“中国苹果”小米的话题，他很直接地表示：“恕我直言，我不认为这是奉承。当你开创一种东西时，你并不知道它能否成功，你会在上面花费七八年的时间。但之后，它却被人抄袭了。这太直接了，这是盗窃，是偷懒。我认为这样不妥。”他同时还表示，这并非针对小米一家厂商，而是针对抄袭设计创意这种现象。来自苹果的指责，让小米再一次陷入了“抄袭门”的口水战之中。

4.1.1　“抄袭”旋涡中的小米

值得一提的是，2014 年 10 月同样也是“米粉”们（小米粉丝的统称）的节日。10 月 16 日，小米公司董事长兼 CEO 雷军在微博上宣布，目前小米绝大部分产品保证供应，小米网随时有货。

这被业界视为小米告别“饥饿营销”模式的一个信号。在 10 月前后，小米已经多次在周二的小米销售日上对众多明星产品采用免预约购买的方式向粉丝发售。而在早前，要购买这些明星产品，大多需要拥有所谓“F 码”或排队抢购，如图 4.8 所示。这种限量购机的抢购模式被业界看作是小米独有的饥饿营销。造成这一状况的原因，一直被解释为是米粉的购买热情和小米的产能不足之间的矛盾。

图 4.1　总是饥饿的小米

雷军在之前的微博中透露截止到 2014 年 9 月底，小米手机 4 的产能将达到每月 100 万台，预计 10 月份将实现单月出货 150 万台，并称“这已是国内旗舰机型爬坡速度最高水平”。有业内人士分析称产能的稳定供应已经成为小米取得国内手机市场领军者的关键因素。

小米在产销上屡登高峰，使其逐步成为被热议的话题，就如苹果、三星一直承受的那样。2014 年 8 月，小米曾陷入一场口水仗。8 月 4 日，在诺基亚宣布裁员后，小米一员工发微博嘲讽。万达集团董事王思聪在转发了该微博的同时直接展开攻击，称小米“除了抄和炒还会什么”。不过这种没有多少证据的口水仗很快就消歇了。而 10 月的抄袭争论则不同，在乔纳森·艾维吐槽后不久，新浪微博认证为联想手机产品规划高级总监的杨峻在 13 日发表微博，对小米抄袭问题提出了自己的看法。杨峻用“抄袭技术哪家强”为主题写道：”最初看到米 4，还以为是某人带错了产品来发布，让我不由自主地想到那句‘一块钢板的艺术之旅’。外观相似先不说，连系统都类似，实在无法认同。个人向苹果致敬，不喜抄袭者。”同时用组图的方式，对 iPhone5S 和米 4 进行了外形对比。

4.1.2　小米不怕被抄袭吗

虽然乔纳森·艾维在活动现场的批评重点是业界普遍存在的“抄袭”现象。不过一贯善于炒作的小米却没有错过这次营销的良机。小米公司总裁林斌回应道：“小米是很开放的公司，不会强迫要求大家只用小米。我们也用很多小米之外的产品。任何个人机构只有认真用过小米产品，才有资格说是不是抄袭别人的。我很愿意赠送一部小米手机给他，让他真正用一下再发表意见。”

有业内人士指出，苹果的指责和小米的反驳显然不在一个次元内。中国政法大学知识产权研究中心特约研究员李俊慧就撰文指出：“苹果公司谈的是知识产权保护，而小米回应强调的是‘用户体验’”。

有趣的是，林斌在接受《日本经济新闻》采访时被问及“很多中国企业都在抄袭小米的商业模式，你们对此有什么回应”时，他表示：“我们的商业模式涵盖了硬件、软件、网络服务以及网上营销四个要素，因此不是那么容易就能被抄袭的。”

小米不易被抄袭的商业模式是怎样的呢？2014年10月14日《哈佛商业评论》网站上一篇名为《小米而非苹果将改变智能手机行业》的文章中的论点或许能够给予启示：小米的商业模式极具颠覆性。与苹果不同，小米的目标群体并非高端用户。小米手机的定价只比所有零部件加起来稍微贵一点，其售价比苹果低了至少60%，因此它的客户以青少年居多。在两年间，原部件成本跌幅超过了90%，小米在维持低价的同时将差价收入囊中。本质上来讲，小米的利润公式和苹果完全相反。为了保持高利润率，苹果需要不停推出新机型，通过新机型来赚取最高的利润。

但小米手机高性价比的商业模式似乎也没有林斌所预见的那样牢不可破。魅族早前推出了1799元的魅族MX4，同样也以高性价比的方式反向进击苹果模式，并且和阿里巴巴联合进行深度合作。而被称为“中华酷联米”军团的国产手机大军，在之后可能会进入更猛烈的价格战。

小米的商业模式还是“不败金身”吗？答案当然是否定的。小米已经在谋求改变，至少在产能方面和出口上。林斌指出：“以前我们的手机经常缺货，但现在我们可以让大多数产品持续供货，消费者的需求量依然很高，我们希望明年手机的销量能提升50%～100%。”

在产能上谋求改变是为了在性价比无法留住用户时，用充足的货源保证米粉们不投入到其他手机公司的怀抱中。业内人士指出除了这种正面交锋的应对策略外，小米还试图通过拓展海外市场来寻求迂回突破。这一点在林斌的言论中亦可看见端倪。他透露小米计划 2014 年年底在 10 个国家打开手机市场，并认为小米的商业模式更容易在符合以下条件的国家取得成功：人口基数大、电子商务刚刚兴起和运营商势力不够强大。目前小米已经进入印尼和印度市场，下面有可能会进入巴西和俄罗斯。

然而，创新依然是小米的隐痛。小米发布会确实彻头彻尾苹果范儿，产品展示 PPT，经典的“One More Thing”，甚至小米 CEO 雷军的穿着也在模仿黑色上衣加蓝色牛仔裤的乔布斯。走进小米的线下体验店，如果不看产品标识，你甚至不知道你走进的是苹果零售店还是小米的线下体验店。小米的各种产品，手机、平板、路由器和电视，看着和苹果的外型真像……诸如此类的言论在网络上已经成为嘲弄小米的笑话与谈资，而小米似乎在创新上并没有给用户带来特别多的期待。

但这不仅仅是小米一家的问题，小米在安卓智能手机领域最大的对手三星对创新问题也苦恼不已。从实质上来说，三星移动业务上的核心技术和苹果不同，由于它“寄居”在安卓大旗下，其最大的优势不在于软硬件，而在于创新设计，可以说三星在智能手机时代打出一片天地恰恰靠的是 Galaxy 系列在大屏上的率先垂范。这种先发优势和制定行业标准的创新会随时间推移和集体“山寨”行为而慢慢消失。因此，三星在 2015 年开始尝试以 Galaxy Note III 突围，继续在设计上寻找突破口，继续主打时尚靓丽风姿设计。而从未在设计上引领过时尚的小米，显然更容易被诟病。

但小米显然还会走得更远，就如三星靠大屏快速逆转了和苹果的牌局一样，在无法触及手机本质的状态下，小米的商业模式依然有很多看点，至于到底是山寨抄袭还是科技同步，不过是文字游戏而已。一些外在的设计思路目前尚不是手机厂商动用知识产权进行争斗的重点，就像前些年苹果一边指责三星抄袭，在打官司的同时还与对手亲密合作一样。因为更个性化、时尚的手机，或更便宜的高性能手机都有大量的消费者群体，赚钱比约架更迫切。

小米对于国产手机们而言是一个风向标，尤其在小米提出的“参与感”互联网思维时代。

4.1.3　学习小米好榜样

有小米抛出珠玉在前，一些竞争对手也纷纷开始了“小米化”转型，其中最有名的是小米的老对手魅族。从魅族的“小米化”过程中，我们也许能窥到小米模式本身的一些问题。

魅族刷“参与感”是其“小米化”的开始，从参与感到饥饿营销。当然，关键还是靠自己。2014 年 9 月，魅族通过官方微博宣布产能告急：“开售的备货计划是 MX3 的十倍，可由于我们无能，仅仅达到五倍左右，所以 MX4 现货供应要等到四周以后”。魅族 CEO 白永祥通过微博宣称：“MX4 的预订量目前已经突破 770 万台”。如此高密度的主动爆料，不难看出魅族采取的饥饿营销策略和引导媒体、“煤油”们（魅族粉丝的代称）刷参与感的目的。

魅族需要的就是这种气势，这也预示着魅族正在从不需要太多营销的小众市场，向时下被各种口水战、营销战、价格战搅乱的无可复加的大众市场转型。一直以来很低调的魅族，不得不顺应形势开始走高调路线。之前它看不起小米模式，但迫于生存的需求也开始战略转型。

小米一直以来是以制造口碑的方式来占据市场，其产品多是以价格为突破口。而魅族则是完全两样的形态。对于魅族而言，快速迭代是被明确禁止的，黄章一直的思路就是做出精品手机，让用户自发以超强体验和口碑去影响周边的人从而占据市场。前者讲求的是一个“快”字，后者讲求的是一个“精”字。不过魅族最终开始选择“小米化”，从过去的一年一款手机到 2014 年突然大转向，一年发布四款手机。

雷军有一句著名的“互联网七字诀”：专注、极致、口碑、快。前 3 条一直是魅族的特点，但是此刻魅族不能只是专注于产品品质，市场占有率的跌落是其战略方向错误的表现。调研机构 GfK 指出，2014 年中国智能手机市场零售量达

3.93 亿部，魅族的增长仅为 12%，而 2013 年这一数字是 82%。智能手机市场从增量市场变为存量市场，魅族如果不能快速推新机，一切将可能无法逆转。

2014 年春节，黄章在魅族会议厅的几百人面前宣布魅族要改变，其讲话内容的大意是魅族要丰富产品线，价格要延展到千元以下。此前，黄章对这家公司的追求是“小而美”，要“做心中的手机，卖给喜欢的人”，并非服务大众市场。一年一款极致精品手机是这一路线的最好例证。然而，一年四款手机无法延续魅族过去通过用户自主传播口碑的策略，有目的性地进行引导势在必行。毕竟自主发酵口碑，效果尽管更好，但周期实在过长，一年一机刚刚好，一年四机则无法适用。

魅族的转变其实预示着整个国产智能手机的变局，口水战将是常态，也是智能手机走“短平快”路线的一种直接表现。不过从功能机换代到智能机的红利已经不再，小米“快”得略显浮躁和人为痕迹过重的产品策略一旦被广泛模仿，或许会导致整个国产智能手机行业走向更为虚浮的概念大战和外形大战。

在很多人看来，魅族的小米化更多是在学小米的营销，并没有多少实质的产品攻略。是魅族不想全盘转变吗？答案没有这么简单。因为连小米自己都没有真正找到自己所提倡的“小米生态”的现实盈利模式，尽管小米已经很赚钱了。

小米这些年的用户体验越来越低，“参与度”不靠主动“饥饿营销”引导就难以凸显，这本身就是互联网思维导致的隐患在爆发的迹象。加之还有苹果、安卓的大量手机产品在不断扩张，亟待以更低价格占据市场的国产智能机们的口碑自动“崩坏”。毕竟没有最低的价格，只有更低的价格。价格战打到最后，要么握手言和，要么血拼身家，除非你有别人没有的内容。

小米能破解这个困局吗？别搞错了，小米其实根本就不是一个手机厂商，它的真身是互联网企业。小米有许多跨界梦，比如借助资本之力快速进军一些传统产业，如家居、电动车，形成一个小米硬件品牌圈，走和传统企业一样的路线，形成用户的品牌忠诚度，但这个跨界模式也不会太稳定，毕竟靠收购和投资建立的圈子本身有许多问题。我认为小米的目标或许是以手机为中心，成为连接各种智能设备的万能遥控器。但在不掌握基础系统的前提下，这一点很难实现，即使是定制化很深的MIUI，也是一个安卓的变种。一言以蔽之，MIUI上搭载的应用有多少是别的手机上不能“安装”的？小米也不敢让自己的手环不兼容IOS，不是吗？

2014年年末，雷军在微博上晒出了全年的销售业绩。根据雷军自己的微博描述，小米全年售出6112万台手机，增长227%，含税收入为743亿元，增长135%。2013年，小米销售手机1870万台，增长了160%，含税销售额达到316亿元，增长150%。从这个数据上看，手机销量的翻倍和收入的成长轨迹基本一致。《华尔街日报》在2014年11月6日的一篇报道指出根据其获得的机密文件显示，2013年小米高达94%的营业收入源自手机销售（硬件），而包括手游在内的服务占比仅为1%。同年，小米配件及周边产品全年营业收入超过10亿元，但仅占销售额的3.2%。

这一方面说明小米很能赚钱，另一方面或许也说明了小米的盈利还是主要在硬件方面，没能在服务领域获得重大突破。这就是小米的盈利困局，即一个一心一意想要在生态（内容）上做增值服务，现实中却受制于在硬件方面一路高歌猛进的利润困局。

这样的生态模式不可靠吗？也不尽然，至少在家用视频游戏机上，索尼、微软和任天堂在PlayStation、Xbox和WII等系列游戏机之上都曾经依靠低价的硬件（甚至低于成本价销售）和各种游戏软件形成了良性循环的生态圈。而过去强调这类模式在中国受到盗版问题困扰的观点其实也不太适用于小米，毕竟小米生态的布局节点都比较硬件化，没那么容易盗版。小米的关键问题还是在于缺少内容的支撑，这其实也是其他许多互联网企业在构建自己的生态圈时遭遇的问题。

4.2 极致单品的困扰

在很多人看来，小米成功的关键在于高性价比。美国《纽约时报》网站在2014年就曾以《小米，一个靠模仿苹果建立的帝国》为题进行了以下描写："雷军一直以苹果为学习对象，为自己树立乔布斯追随者的形象。他还销售数百万台外形酷似苹果手机的智能手机……公司的产品定位是受过高等教育的年轻人，他们想买智能手机却买不起太贵的。"一位小米手机的用户说："我选择小米是因为这款手机性价比高。"

当然，这篇报道也承认雷军之所以能吸引大批的信徒，关键在于小米科技是中国市场上最快迈进年收入10亿美元大关的公司，而亚马逊是花了5年时间才实现这一目标的。与此同时，小米还实现了盈利，如图4.2所示。

性价比真的是小米的杀手锏吗？

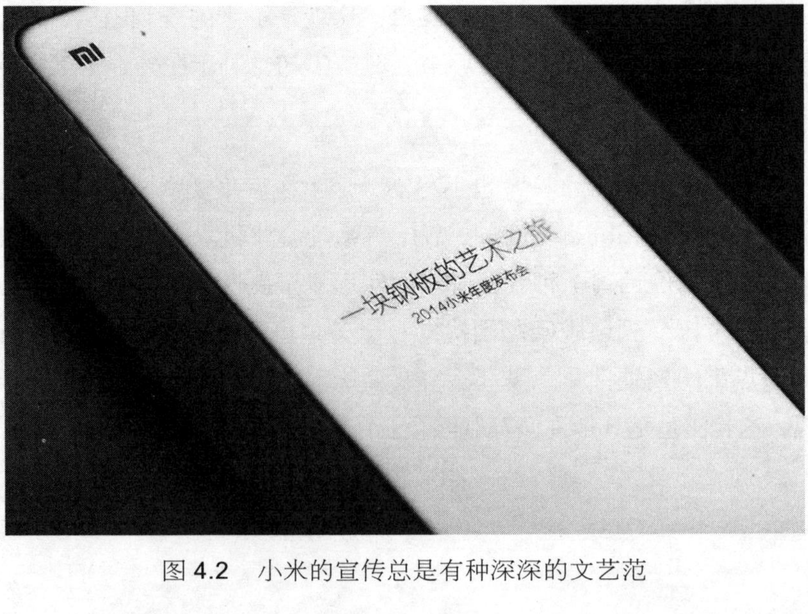

图4.2 小米的宣传总是有种深深的文艺范

4.2.1　击穿钢板的艺术

用对手的评价或许更有说服力，周鸿祎就是这么一个对手。作为奇虎 360 董事长，这个互联网领域的怪才和时不时被妖魔化的人物，在 2014 年 8 月的一次主题演讲中很客观地以小米手机的成功来解读自己的硬件败局。

周鸿祎自称是中国除了雷军之外最看重小米手机的人，他指出："大家说要追求极致。注意，追求极致是讲单点突破，你看人家小米卖手机，不是什么指标都抄，双核 1999 这一点就把大家都盖了。单点突破，你做产品极致不是完美……你们买手机的时候，为什么同样的概念能买八核不买四核，能买四核不买双核呢，我告诉大家双核、四核和八核的成本都一样，但一般人觉得 8 比 4 大啊。"

谈到自己做路由器失败的经历时，周鸿祎则颇为调侃："如果要让我设计，我会做 4 个 LAN 口，4 个天线，往四个方向走的，网上那么多流传的用易拉罐给天线增强，就说明了要信号增强是用户的刚性需求，路由器美观是不是刚性需求？其实不是。因为我们发现无论做得多么小巧，用户设完了都放在角落里了，你多长时间和你的路由器打一次交道？它和手机不一样。"

周鸿祎如此说是有背景的，他之前推出的一款路由器，成本 220 元，很小巧，没天线，只有 2 个 LAN 口。360 路由器团队调查发现，用户平均只插 1.2 个插口，所以认为只做两个 LAN 口就够用了。同时，设计的路由器非常美观，信号也和有天线的一样，至于 LAN 口，其实平常家庭两个就够用了，这些都是有很强技术含量的。但对于消费者来说，他不懂，他只觉得小的话就应该便宜，漂亮不顶用，接口少就意味着不方便（多添 2 个成本不过 1 元钱），结果性价比极高的路由器用 99 元促销，消费者都不觉得占便宜了。

这其实就是极致单品的真相，一个击穿消费者购买欲求的钢板艺术。简单地用价格便宜、性能很高来概括，其实太过浓缩和省略了。一个成功的产品其实蕴含了太多的用户体验的集成。

这也是用户体验思维和程序员思维的差别，前面的章节提到过百度的程序员惯性思维，在这里可以做个小结，程序员的惰性思维是极客化的，站在自己角度思考，总想造出技术上臻于完美的产品，但未必实用，或者即使实用，用户也不买单。

用户体验思维则以用户最大的消费欲求为突破点，进行重点攻击。而外表上或许有包装上的极客色彩，比如小米自身就喜欢发布一些看似很极客化的“便宜产品”，比如火柴盒子大小的运动相机，插座大小的小米小盒子，电量够用 3 月的小米手环。

这种极客色彩消费者很受用，因为可以以很低的成本极客一把，尽管在真的极客看来不值一哂。但对于崇尚个性化的年轻人来说，在朋友圈里炫耀一番也值回票价了。极客本身就带有炫耀的色彩，技术其实是第二位的，实用是第三位的。而小米则换了下顺序，炫耀第一，实用第二，技术第三。

一个高技术色彩的小米，在普罗大众版的众多小米手机和极客色彩浓郁的各种小米装备的映衬下，已经扎根消费者心中，至于业界怎么看不太重要，消费者一般不看业界评论。2015 年 1 月 4 日，雷军发给员工的内部信公布了小米的成长：2014 年销售手机 6112 万台，较 2013 年增长 227%。小米手机的畅销，答案其实就这么简单。

为什么这里我选择用周鸿祎的评价？因为我看重的是他与雷军之间的恩怨。周鸿祎在早先曾伤雷军很深，而雷军的小米手机则算是报了当年的一箭之仇。

2009 年，360 打出免费杀毒软件这张牌同样是一场击破钢板的行为艺术。彼时的雷军尽管离开金山 CEO 的位置已经一年，但还留任公司董事会副主席。360 的免费差点让金山毒霸毁灭，这段恩怨留到了小米时代。周鸿祎之后也开始积极参与做手机。2012 年，华为终端公司董事长余承东曾表示，要联手奇虎 360 打造一款智能手机，并称这款智能手机性价比和体验将高过小米手机。但周鸿祎的 360 手机最终还是胎死腹中，这款号称要做成屌丝手机的产品就和周鸿祎口中的路由器一样没能击穿单品。“终于有一家手机大厂接受了我的观点，说我愿意给你做一次，实验一下，我们就决定做一款更高性价比的手机来 PK 小米。后来这家厂商很后悔，如果当初坚定地做下去，今天中国手机市场将会是另外一番景象。”

2015 年 3 月 18 日凌晨，沉寂已久的 360 用户特供机官方微博突然满血复活，“红衣主教”周鸿祎在出席财报电话会议接受分析师提问时高调放炮：“发布 360 手机之前会先发布新操作系统，这款操作系统会让手机变得安全，速度变得更快，更加省电，相信将可以干掉市场上目前我们所能看到的手机”。

看来周鸿祎找到了属于他的另一块钢板，新的极致单品突破口。至于成败与否，那是另外一个故事了。我们回到小米这里。

小米模式非常好用，至少在小米手机身上可以体现出该模式的效力。但没有一种模式是万能的，在雷军的手上小米模式也遭遇过失败，手机上玩得转的模式，跨界时未必就玩得转。凡客诚品就是这样的一个实例。

4.2.2　熬不出“小米粥”的凡客

从 2014 年 3 月开始，曾经的“互联网快时尚品牌”领军者，被裁员、积压与赢利问题困扰而颇为落魄的凡客开始转型。在凡客官网上，3 月 13 日 15 时，80 支衬衫（vDP80）首次开卖，19353 件在 21 分 47 秒内售罄；4 月 2 日 15 时，顶级 300 支 awatti 棉长袖衬衫首次发售，5 分钟内售罄，如图 4.3 所示。在业界看来，凡客已经开始“小米化”了，开始用类似小米的限时抢购加社交营销方式来拯救自己。

“橘生淮南则为橘，生于淮北则为枳”。凡客的这一“小米化”营销举措没有赢来多少叫好声，理由很简单，服装不是电子产品，在苹果和小米身上屡试不爽的饥饿营销对于凡客来说实际作用不大。

凡客在此次营销转型上，所依仗的是“支”这个对消费者来说并不熟悉的纺织行业专用术语。支主要用来衡量面料粗细程度，一般而言，纱的支数越高，就越细，织出的布就越柔软舒适。普通衬衫的支数通常在 20 至 40 之间，超过 40，就算是高支衬衫。凡客无疑在遵循将品质做到极致的思路，但单品的售价并不算高，80 支衬衫单价为 129 元，而“只有奢侈品才敢用”的 300 支衬衫单价也仅为 499 元。

图 4.3　神一样的凡客衬衣

质优价廉是凡客进行饥饿营销的核心内容，然而对于消费者来说，即使是同一批人，在科技上的那种极客追求不会体现在服装产品上。通常来说，不同于电子产品对硬件的极致追求，消费者对于服装的材质并没有特别明显的要求，如果说有，那更偏向于大师设计或特别的款式这样偏重于感性的选择。想要对服装品质用类似电子产品的标准进行量化，在目前看来还过于超前。

在这种消费理念的差异下，凡客转型“小米化”的首秀充其量只是一次营销活动，而不是一个常规的平台运作模式。正如华平投资合伙人黄若对此的评价：“小米是高单价产品，几款产品就可以驱动几亿的销售；凡客是低单价产品，可以做爆款，但是不能靠几款产品驱动同样的市场价值。”

显然，凡客的“小米粥”并不是模仿饥饿营销那么简单。据媒体报道，在与雷军经过 60 小时的长谈后，2013 年 9 月起，陈年开始围绕小米的“七字诀”——“专注、极致、口碑、快”，从组织架构、人员优化和产品组合三个方面对凡客进行改造。把原有的 19 个品类缩减至包括 T 恤、衬衫、裤装、帆布鞋、超轻薄羽绒服、POLO 衫等在内的七八个品类，并集中精力专注于这些核心品类。

“小米粥”的核心落在了“七字诀”的头两个字上——专注。这是凡客当年赖以成功的法宝，也是凡客近几年丢失的品格。凡客其实并没有所谓的“小米化”，只是回归当初做垂直电商时的模式。

凡客这些年走过太多弯路。2007 年创立之初，凡客从最初在《读者》上投放广告，做男装衬衫、POLO 衫两大类几十款，到随后伴随着电子商务的爆炸式增长，快速拓宽战线，一度发展到 19 个品类、1 万多名员工，甚至还有了自己的快递公司。急速的产品线扩张并不能满足凡客老总陈年的野心，在巅峰的时候，出身于卓越网的陈年开始梦想按照当当网的模式那样从垂直电商走向平台电商。

凡客的精力无法顾及这么庞大的一个摊子，特别是自有品牌和入驻品牌的同质化竞争开始让凡客的平台之梦变得支离破碎。过度扩张使得凡客 2011 年年底库存达到 14.45 亿元，总亏损近 6 亿元，而年初 100 亿元的销售目标仅完成 38 亿元。2012 年到 2013 年，凡客的江湖地位已经荡然无存。

凡客的这种困境，一方面与那段时间的电商高烧和整个行业的疯狂有关，另一方面也和凡客自身的企业文化有关。同样是追求极致，只是凡客从追求产品的极致滑落到了追求平台最大化的极致上。结果在每个平台都开店的产品消磨了凡客初期靠追求产品极致而赢得的口碑，也彻底模糊了凡客在消费者眼中的形象。

极致的扩张让凡客的钱很快就烧完了。2013 年电商退潮，服装产业整体低迷，加上凡客自身销量上不去，面对库存压力，对供货商的佣金比例提高，对代工厂货款的拖欠等一系列矛盾开始在当年年末激化。

4.2.3 极致单品为什么玩不转了

从雷军那里搞来一亿元的投资，与其说是“小米化”的开端，不如说是老投资人为了保证自己的投资不打水漂而进行的拯救凡客行动。

然而，凡客真的找到北了吗？

小米化的凡客模式其实并不复杂。在平台化上屡屡受挫的凡客开始回归品牌化。极致单品是一个先锋，也是一个引进流量的绝佳营销入口，导入的流量再释放到其他七八个品类的自有产品之上产生效益，当然也会释放库存。然后，凡客势必又会开始回归平台化。“今日大踏步地后退，是为了明日大踏步地前进”，电影《南征北战》中的这句经典台词其实就是凡客发展战略的写照。

但问题是仅质量上追求极致的单品营销策略能够持续多久？“最好的白衬衫”或许能够零库存，但那只是衬衫，缺少个性的凡客产品并不会因此全部售罄。

这是小米模式无法教给陈年和凡客的。毕竟偏重于标准化生产的电子产品，其差异化的呈现在于硬件，而服装的差异化呈现在于设计。而凡客的这个病根可以归到被其引以为傲的“凡客体”之上。

“我很特别”、“我和别人不一样”、“我只代表我自己”、“我是凡客”这一系列当年爆红的凡客体字眼从骨子里透出的是张扬的个性，这是凡客当年成功的立身之基，如图 4.4 所示。不过凡客体所呈现的内容在凡客诚品的平台上日渐淡薄，且在很多消费者心中，凡客只是一个便宜、质量好的服装品牌，但独特的设计和张扬的个性却并不明显。

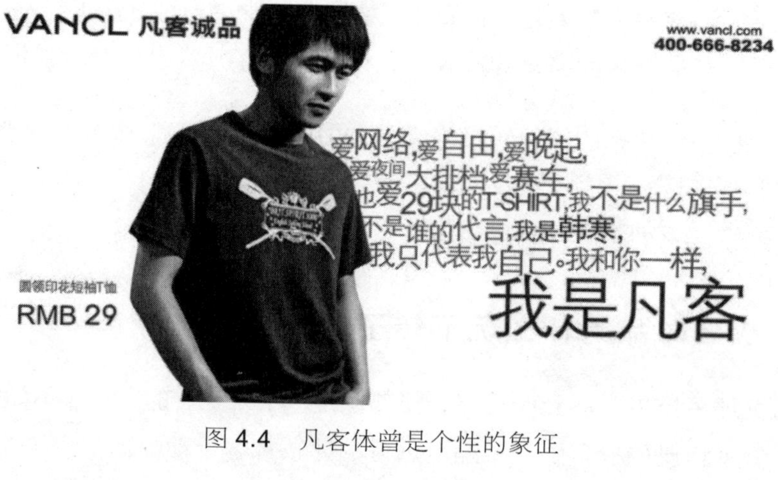

图 4.4　凡客体曾是个性的象征

广告与实际的差距一直影响着大众对凡客的印象。而众多中小电商（不仅仅是服装）却成为“凡客体”指出的个性理念的践行者，如裂帛、茵曼、韩都衣舍、御泥坊、三只松鼠等淘品牌，它们成功完成在消费者心中的品牌个性定位并实现崛起。反观凡客，被自己的成功营销暗自拖累。

未来的凡客似乎不会足够个性化。在转型首秀上，凡客还是走标准件生产式的老路，除非说其借鉴的法式衬衣无口袋的设计也算个性。这样的单品极致会收缩产品线，并不能够给凡客带来更多的口碑，至少在其目标消费人群普遍贴着个性化标签的时代。

“小米粥”凡客一开始就熬错了配方，以致走向现在的硬件模式。难不成在消费者口碑传播中不是看款式，而是介绍说：“我的衬衣四核驱动，内存 32G，带无线路由……”

折腾了一年，根据艾瑞咨询的 2014 年中国网络购物市场数据显示，B2C 市场中，天猫市场份额占比超六成，京东占比为 18.6%，苏宁（3.2%）、唯品会（2.9%）、国美（1.7%）、一号店（1.4%）、当当（1.3%）、亚马逊（1.3%）、易迅网（1.1%）、聚美优品（0.7%）分列其后。差点忘了，还有一个占比 6.5%的，名字叫做其他，里面怎么都有凡客诚品的份额。

小米模式在服装上貌似有点不好用，没关系，这不是雷军真正的重点，这里只是玩票和越界试水。雷军要玩的是智能家居，是硬件，而不是服装。

4.3 “入侵”家居是个难题

在接受福布斯记者采访时，雷军用一句话评价了他在小米身上犯过的错误：四年里唯一的错误是把小米少估了一个零。

真的那么简单吗？乔布斯也错过很多次，雷军就不会犯错？特别是对一个成立只有四岁的公司来说。

2015年新年伊始，一则"雷军进军家装，投入6000万资金到陈炜的爱空间家装公司，助力后者全新打造'小米家装'"的新闻引起业界关注。小米模式从互联网领域直接跳进了完全没有"血缘关系"的家装领域，而且一出手就是令家装行业惊诧不已的"三把火"：以699元/平方米解决价格贵，以20天完工解决工期长和以产业工人施工解决质量差。

仅仅因为雷军有钱就任性吗？

4.3.1 猪能不能凭空飞起来

雷军有一句名言："只要站在风口上，是头猪都能飞起来"。

显然这是一条违背物理常识、比较鸡汤话的励志语句。小米家装此刻扮演的就是这么一头猪。小米的思维很简单，就是将雷军在小米智能设备上成功实践过的七字口诀移植到家装领域之上。

依据相关媒体的报道，其实小米家装是雷军意料之外的产物。2014年6月，41岁的陈炜从供职多年的博洛尼家装公司总经理位置上离职创业爱空间，他用一周时间做PPT，两个月后和雷军谈话一个半小时，8月拿到了雷军用于投资小米手机业务之外行业的顺为资本领投、总共超过5000万元的A轮投资。

一切都如同一个励志神话，而按照一般的解读，如此快迅获得雷军青睐的原因在于陈炜一开始就给爱空间家装注入了小米基因。

在爱空间的线下体验店里，"解放一代年轻人"的口号随处可见，按陈炜的说法，这个口号灵感来自雷军，如图4.5所示。而在爱空间津津乐道的首个"小米家装"式案例是位于北京丰台区福海棠华苑小区的一套57.92平方米房子，其装修数据为派出产业工人85人次，20天一共发送微信沟通消息263条，处理了3次应急问题，配合调整1次工期安排，最终实现"20天家装奇迹"，而作为年轻人的业主只是在开工和收工时到过工地。

图 4.5　三包的价位很诱人

媒体并没解释这个案例到底发生在雷军投资之前还是之后，但显而易见，“小米模式”在这个试验田上成功发挥了效应。

如果脱离了试验田，猪还能飞起来吗？猪飞起来之后，又该如何落地呢？“小米家装”继续按照互联网思维的套路进行了设计——陈炜的答案是“一王三后”，即用成本价甚至低于成本价的“一王”吸引消费者，再靠拥有一定利润的“三后”挣钱。这里的“一王”就是指精装套餐，“三后”则指家具和软装等配套产品。

简单来说，就是互联网最基本的盈利模式——免费畅游，道具付费加上小米一贯的“极致单品”风格。这也是让小米家装飞起来的大风了。

毕竟，在小米身上最令消费者心动的就是价格，移动电源仅 49 元，手机仅 699 元，空气净化器仅 899 元，平板电脑仅 1299 元，49 英寸电视仅 3399 元，每一个都比同类同品质的产品要低，这也让其所推行的“饥饿营销”有了市场。

起风了，并不代表风够大！

业界的议论大多集中于爱空间的工期和个性化之上。因为在家装行业，号称零利润的 699 元/平方米价格或许是地板价，比之更低的地下室价、地狱价也还存在，只是具体到质量和用料上就颇多考究了。

小米家装承诺的“20天完工，晚1天赔1万”，被普遍采取3个月完工模式的业界视为不能完成的任务。美的家装的老总指出如果工程量少，你可以这样做。如果工程量多，你能让上百工人加班加点施工吗？因此，上面提到的699元和20天，都是根据最低标准做的一个理想化数字。

陈炜本人也感到这个承诺难度颇大，他也估算过如果加班加点，理论上20天可以实现，但成本会非常高，十分冒险。但爱空间还是如此去实践了，完成形态很简单，通过大量实践实验形成标准化生产的样板间模块，然后在20天之内镶嵌到消费者家中。标准件式的流水线生产在小米硬件生产中屡试不爽，不过能否在家装这个偏重于传统手工艺的劳动密集型行当里通行呢？

答案是如果仅仅是类似极致单品这样有限的选择，并非不能完成任务。而且通过O2O模式，实现线上接单、线下施工，将沟通、设计等前期环节大多交给线上完成，这对年轻人来说更有吸引力，除了沟通方式习惯、效果图直观外，碎片化的时间安排也让工作时间更为充裕。如同硬件配置一样精准搭配的标准间，大量施工环节如橱柜制作亦可在工厂流水线上完成，产业工人进屋装配时可节约大量时间。

上述模式的最大的缺陷是个性化问题，这可以在小米模式中找到解法。当下小米智能设备销售中，除了提供硬件标准件之外，还可选配一些其他可以标准件化的配饰。转换至家装领域，则是在家具和软装上实现一定程度的个性化组合，菜单在基础稳固之后亦可不断增加。

说白了，就是将各种小米家装放入业主家中组装，20天的时间大多花在水电和泥工等现场施工的环节上。小米如果能在工厂内完成家装的绝大部分，可以在短时间内实现“拼装”一个家。这就是小米模式下的“品牌机”和过去家装注重现场施工的“兼容机”在时间和品质上比拼的关键节点。

爱空间发展的真正瓶颈是接单量。即使上述一切可以实现，不可绕过的现场施工环节仍然需要耗费大量人力和时间，尤其是人力方面。爱空间目前30个工人保持每月15单已属勉强，而陈炜曾豪言三年内实现每年3000～4000个工地，业界测算至少需要过千的工人，而爱空间采取产业工人“自营”的模式，这将会带来极大的管理难题。

产能问题其实也同样困扰着小米硬件，别以为饥饿营销只是一种促销手段。

4.3.2　上亿美元豪赌智能家居

获得 6 千万投资的爱空间，其实不过是雷军的一块试验田，结合 2014 年年末他投资 1 亿的那家以租房切入青年和创业者人群的新创公司 YOU+（优家）国际青年公寓，小米家装与小米公寓的设计思路显而易见，即针对年轻人的需求，打造小米模式下的 O2O 链条，借助家装和公寓来为小米的智能家居硬件铺路，如图 4.6 所示。按照目前的状态，可以揣测一下小米 O2O 的思维——青年在毕业后入驻小米公寓，除了可以随意折腾自己的出租屋释放创意外，还能在公寓提供的超大空间如客厅、天台和志同道合的青年交流沟通，形成带有浓郁创业色彩和青年风格的主题社区。这样的社区就可以形成孵化器，加快青年人的成长。一旦有所成就，搬离公寓后亦可成为小米家装的顾客，继续接受小米的熏陶。当然，其中少不了小米智能设备的“协助”。

让小米品牌影响一代青年，这和陈炜在爱空间里打出的“解放一代年轻人”的口号不谋而合，这种模式的 O2O 超出了传统理念中 O2O 的销售概念，变成了一种文化植入，同时也是一种品牌文化的培养过程和链条形成过程。

只是这种 O2O 链条实在太过松散，只是一个完美模型，并不能彻底主导青年人的选择空间。理由很简单，在细分行业中，小米模式所覆盖的领域依然小众，尤其是地面部分，所能覆盖的区域受制于规模与产能，只能是北上广青年人群中小之又小的一部分，充其量依然是一个“试验田”。极致单品下的饥饿游戏既是小米成功的法门，也是扼住其扩张的瓶颈。

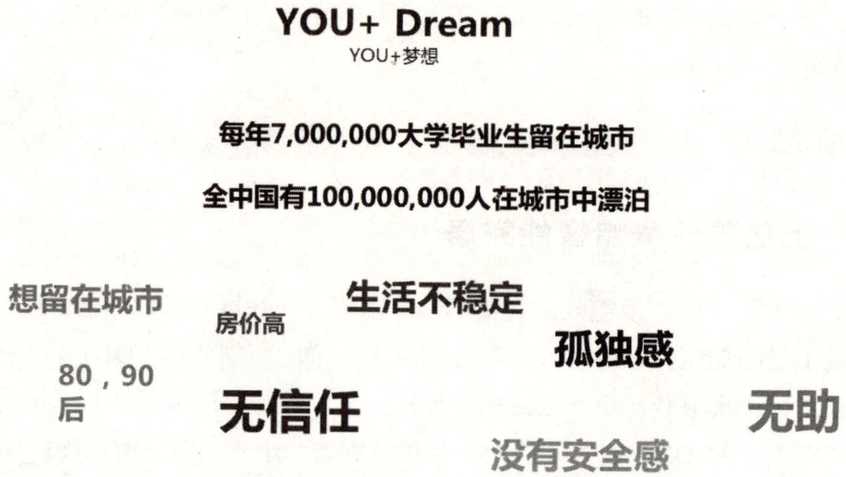

图 4.6　浓郁的小米文艺范广告

起风了，风再大，也吹不起笨重的猪，这就是应用物理和理论物理的差别。何况这些链条之间的联系都太过脆弱，或许它们的出现能够用互联网思维改变其入侵细分行业的面貌，但依然只是松散的串联，而非更为牢固的并联线路。小米必须构建一个中心点，否则一切都会在风中凌乱。这一中心点可能是手机，上述两个布局是整个小米智能家居环节的远景规划，用于做经验积累，随时可以被牺牲。

但这个布局的关键节点并不是从一个产品开始，而是从一个人开始，这个人叫陈彤。2014 年年底，小米确认原新浪总编陈彤加盟，见面礼是 10 亿美元。资金将投向视频第一梯队的爱奇艺和优酷土豆两家网站。

这笔投资的目的性非常明确，就是让在新浪时期以做内容闻名的新晋小米副总裁陈彤拿着钱从两家主流视频网站那里换得更多的内容。对于在硬件上已经很成功的小米来说，是时候给自己增加内容这一软实力了，尤其是在小米电视、小米盒子频频遇到政策与内容的红线之时，如果没有充足的、独家的、符合政策的内容支持，就会变成普通电视机、机顶盒，会彻底打乱小米的智能家居生态圈布局。

按照媒体的说法，给爱奇艺和优酷土豆的这两笔投资在陈彤入职小米前已经基本敲定。也就是说小米董事长雷军将陈彤招致麾下也是一种“内容”投资，目的就是让陈彤更好地为小米的产品组织不一样的内容。这是雷军的一笔活性投资，买的是陈彤过去在内容一线的成功经验，这或许是乐视这样在硬件与内容上都已经占据了一定市场的竞争对手所缺少的。而且，这样的投资可以为小米买来更多的盟友。尽管表面上看，爱奇艺背后有百度，优酷土豆在 2014 年和阿里巴巴结成战略伙伴，都是不差钱的主。但它们也都有个共同的弱点，不够“硬”。小米的 10 亿美元其实就是个投名状，从此 BAT 中的两个巨头和小米在智能家居上形成了一个分工合作的闭环，互补软肋。

雷军的战略方向和手腕可谓高明，但并非毫无破绽。小米希望获取的内容优势其实仅是一个远景目标。不论目前广电总局为了保障电视台利益是否进一步收紧智能电视与盒子的权限，单看目前的政策环境，爱奇艺也好，优酷土豆也罢，它们的 App 无法在电视端或盒子里存在，其海量资源亦缺少在电视上变现的可能。即使未来政策放宽，这些海量资源想要登陆电视屏幕，还需要考虑网络播放权与电视播放权的纠葛，哪怕是现在的小米、爱奇艺、优酷土豆已经通过各种迂回方式取得了电视牌照。过去两三年中，视频网站之间打得火热，烧钱数以亿计的影视剧版权争夺战硬生生将单集价格从万余元炒热到百万元，且热播剧集多为网络播放权，这才是视频网站在电视屏幕上最大的隐患，不是硬件好坏与否能解决的。

10 亿美元至多也只是帮助多烧一段时间的内容购买，另外在网络播放和电视播放的选择题上更要大打折扣。尽管爱奇艺、优酷土豆为破解版权问题大打自制牌，但毕竟杯水车薪，且距离专业影视剧机构和电视台综艺节目水准较远，短期内无力形成真正意义上的内容优势。

小米花 10 亿美元熬的这碗视频“小米粥”，打水漂的可能性非常大。而“投名状”买来的联盟也未必牢固，毕竟小米电视的市场份额摆在那里，一旦有机会让视频网站 App 以其他方式回归电视，以互联网一贯的免费和共享理念，联盟中的爱奇艺和优酷土豆也很难把所有的宝押在小米身上，至多只是某些增值服务上的“超值”而已。除了自制剧外，竞争对手也同样拥有其他热门影视资源，差异化在长尾上已经表现得微乎其微。小米粥能有多好吃，可想而知了。

但没有办法，谁让内容是整个小米智能家居闭环中最薄弱的环节呢？当年，盛大就是败在这一点上，如今小米能破解吗？

极致单品也好，参与感也罢，饥饿营销也行，都不够看点，小米该怎么出招？

先看看硬件，再看看陈彤带来的内容。

4.3.3 是智能家装还是极客玩具

雷军的布局很清晰，也经常向媒体剧透：“我们只做三个产品，手机和 pad 是一个产品，电视和盒子是一个产品，还有路由器。别的都不许做。硬件我们就做这三个，其他的全部都是那些 start-up 做的，这样等于我们直接投资了生态链”。这段雷军接受《福布斯》杂志资深编辑范鲁贤专访的话语很清晰地展示出了小米的生态链布局。

所谓 start-up，就是小米投资的那些企业，比如华米。在被小米投资前，华米还是一家名为智器的公司，主要业务是平板阅读器和互联网发行，团队常年驻扎在合肥，老板叫黄汪。

在整个互联网领域，这样的创业小公司数不胜数，大多做着类似的事。2013 年 12 月，雷军找到黄汪，据黄称，雷军是被智器的智能手表吸引而来的。他只戴了一天智能手表，就决定和智器合作，并承诺是“让华米成为可穿戴领域的小米”。

从这个时点开始，智器没了，华米来了，而雷军并不是找黄汪做智能手表，这个产品已经在市场上太普遍了，而且有一个硬伤——电池容量摆在那里，每天都要充电。这个问题连苹果都没攻克，2015 年 3 月，苹果的 Apple Watch 千呼万唤始出来，可续航时间也不过 18 个小时。

黄汪之后的举动完全是按照励志成功模式进行的。原来所有的平板电脑新品及智能手表新品的研发全部停止，高达数百万元的多套新模具全部作废，智器品牌全面放弃，原有团队全体搬到北京小米公司边的小宾馆，注册新公司——华米科技。一切停当后，所有人员集中在小米的会议室里闭关近百天……

2014 年 7 月 22 日，这个团队的产品以小米手环之名亮相小米新品发布会，79 元的超低价格和长达 3 月的待机时间，这两个极致单品概念瞬间击穿了消费者购买欲求的钢板。至于黑、橙、红、绿、蓝、青六种配色腕带，那已经是次要内容了，如图 4.7 所示。

小米手环改变了什么？没改变太多，只是将可穿戴设备从极客玩具拉回到了人间。过去动辄数百上千元、电力还不太持久的手环，一下子变成了大众消费品。至于功能，还是计步器+睡眠检测仪，而效果有多强，这个就公说公有理了。

华米和小米手环的案例充分展现出了小米生态链的风格。按照雷军的说法：“投资生态链，投资一些 start-up 或者大公司让别人去做。按照互联互通的要求，能够连在一起就 OK。然后选些好的，在小米网上帮忙卖”。

图 4.7　延续小米一贯极简时尚范的手环

2014 年，小米投资了 25 家创业公司，全部是硬件厂商，布局意图已经十分明显。区别于盛大对产业链上投资公司的完全控制和阿里的松散联盟，小米内部对投资有着清晰的分工。这 25 笔投资是通过两个团队——路由器团队和硬件生态链团队完成的。前者为智能家居做准备，后者则涵盖了日常生活中一切可能用到的产品，3 个生态链团队的总监具体看项目，最终由副总裁级的高管拍板。这样，硬件生态圈的操作形态就变成了小米做方向把控，企业有自由发挥的余地，张弛有度。但其实盛大、阿里都有类似的尝试，都朝着张弛有度的方向走，只是这个度谁都没把握一定能够把握准，包括小米。

按照小米对媒体的说法，围绕智能家居展开的小米生态在 2014 年取得了很不错的成果。路由器团队挖掘了小蚁智能摄像头、小米智能插座、Yeelight 灯、小米智能遥控中心等智能家居配件，生态链团队的投资则包括做移动电源的紫米、做空气净化器的智米、做活塞耳机的加一、做智能血压仪的九安。这些产品，小米网上都有卖，并且都是相互联系的，持续热销的小米手机是中心。

“我们的最终目标是构建小米手机的生态链，使这些设备能够很轻松地连接到小米手机上。有一天大家用小米手机，可能你的所有设备都可以跟小米连上，无形之中，小米手机的价值就提高了，这已经不仅仅是一款手机了。”雷军描述了他的投资战略构想。他的目标是“投资 100 家智能硬件公司”。一旦成型，那么图景应该是这样的：手机自动连上路由器，一系列家电产生联动反应，窗帘自动开启，灯光自动开启，热水壶自动煮水，加湿器自动工作，风扇自动启动，电视自动开启并调至用户最爱的频道……

忘记提及了，小米网其实就是小米的电商渠道，尽管不是唯一，尽管在淘宝、天猫、京东等电商平台上都开了分店，但绝对是小米的主力卖场，小米新产品的首发都在小米网上。这其实是小米生态圈中至关重要的一个环节，至少它确保了小米所有产品的价格能够更低。对此，周鸿祎有一个经典论述：“所有手机走线下渠道都卖得特别贵，因为渠道要赚钱，有营销的费用，所以在互联网上价钱能够直降一半。有时候不怕神一样的队友，就怕猪一样的对手。我经常说小米为什么发展到今天，在长达一年半的时间里没有对手。因为没有任何一个人敢跟进，推出同样配置、同样价格的手机”。

但这个红利窗口期会随着各种手机逐步电商渠道化而开始消退，小米的布局到时会完成得怎样？

注意一点，大举跨界时没有成为自己队友的那些对手一个都不会是朋友，这其中的道理后面还会提到。

4.3.4 小米盒子的瓶颈

在小米的家居生态布局中，和家居没多少关系的热销产品小米手环只是一个无关紧要的耀眼花环。小米“自营”的手机、电视、盒子和路由器才是核心，插座、灯、摄像头等家里用得上的叫外围，手环这种是外围的外围。

先看小米的核心，手机不用说，已经非常火爆。那么电视、盒子和路由器呢？小米盒子其实是小米继手机之后推出的一张王牌。从它身上，我们可以看出小米真心不是一个手机厂商，而是互联网企业。

在做小米盒子前，雷军一共做过两款硬件：电子书和手机。无独有偶，盛大也基本同步，只是顺序略有不同，其先后做了盒子、电子书和手机。

在开发电子书方面，盛大推出在先，虽然有盛大文学的内容优势，但最后也没能出彩。雷军联合爱国者、百度推出“百看”，随后因百度文库版权纠结等问题，仅仅 5 个月后团队即宣告解散。

在研制手机方面，雷军在巨头环伺的局面下硬生生开创出一片天地。盛大手机比小米晚了十个月进场，随着阿里、百度、网易等高调地进来，低调地离开。

在研发盒子方面，2005 年盛大推出“盛大盒子”，将其接入网络即可在电视上看小说、听音乐、看电影、玩游戏，不过由于政策等原因于 2006 年终止项目。七年后，雷军推出了一款同样定位的“小米盒子”也遭遇到了政策瓶颈。当时按照广电总局出台的《持有互联网电视拍照机构运营管理要求》的规定，电视机顶盒的生产方必须拥有互联网电视牌照，或者需要与牌照方合作。

2012 年 11 月 14 日，小米发布小米盒子工程测试机，但随即被广电总局闪电叫停，11 月 22 日晚间小米公司宣告因系统维护暂停视频服务。不过最终小米突围成功。2013 年 1 月 28 日，CNTV 旗下的未来电视与小米科技正式签约，未来三年将在互联网电视领域进行全面战略合作。傍上了有互联网电视集成牌照的机构，小米盒子原地满血复活。这也成为其他“盒子们”的突围路径。

不过这样的突围也存在瓶颈，即内容。一个内容不丰满的互联网盒子，看似功能强大，但视频内容和机顶盒差不多，无法满足用户的需求。击穿这个钢板的办法其实很简单——由用户破解。预设的内置应用没问题，用户自己破解了，那也不算违反相关规定。

虽然小米盒子通过用户破解达到了内容满满，但其面临的版权纠纷就一直没少过。2013 年 8 月 5 日，迅雷将小米盒子告上法院，指责小米盒子提供电影《武侠》、《泰囧》在线播放服务，但未经享有信息网络传播权的迅雷许可。一个月后，湖南卫视将小米盒子告上法庭，称其盗播湖南卫视王牌节目《天天向上》，索赔 10 万元。10 月 18 日，同洲电子向法院提起了一项专利诉讼请求，该公司市场部负责人还向媒体表示正在准备提起更多的诉讼。10 月 11 日，优酷土豆因小米盒子对《北京青年》、《爱情公寓 3》等 10 部影视剧的侵权点播向法院提起诉讼。对此，小米科技发布声明称：“小米盒子已接入未来电视运营的中国互联网电视集成播控平台。根据广电总局要求，小米盒子必须要与具有牌照的互联网电视播控平台进行合作，并只能通过播控平台接入视频内容，保障合法合规。未来电视是国内最主流的互联网电视播控平台，为小米、乐视、华为等主流互联网电视服务商提供授权支持和服务。”

2014 年，在内容处理上已经很老道的小米依然被告上法庭，小米的竞争对手乐视以侵犯信息网络传播权为由，将未来电视和小米盒子告上法庭。2014 年 6 月 27 日，北京市海淀区中级人民法院公布判决结果，未来电视与小米盒子败诉，小米盒子被判处赔偿乐视网损失 15 万元。对此，小米的回复依然是上述的声明牌照合作。

不管用户怎么破解、越狱，不管互联网盒子和智能电视们如何为了多占点地盘攻防，卖东西的“准生证”都不能丢。

由是观之，小米盒子的内容处在一个局中，让用户破解，安装各种视频聚合软件就有版权问题；不破解，盒子卖不动，就有生存问题。其实问题的关键在于小米只是硬件厂商，不生产内容。

4.3.5 电视好像过得不好

引入陈彤的价值在此凸显。雷军给了 10 亿美元让陈彤做内容。按照王川的说法：“投入 10 亿美元，据我了解门户没有投入这么多做内容的，视频网站真正投入 10 亿美元的好像也不多。”

雷军对此的期待是：“内容的整合和内容的运营成了小米这个阶段最关注的内容，也是在电视领域和平板领域的核心突破点。我们的打法不是说老陈你拿着 10 亿美元去买片子，去折腾。是用这 10 亿美元的投资把内容产业串起来，使它在小米电视上有更好的表现。”

据说，陈彤当场就立下了军令状：半年内小米电视和小米盒子的内容发生翻天覆地的变化。

2013 年小米电视推出时，小米手机已经形成一定口碑和品牌，小米电视打着“极致性价比”的旗号被寄望能够在家电联网、多屏互动的重要组成部分电视领域继续辉煌。但后来据业内人士表示，小米一代的销量应该不足 10 万台。当时小米内部将原因归结为电视的供应链还没有理顺，元器件供应商、代工厂商以及配送城市和售后都有一定的限制。

小米电视二代表现得怎么样？据说上市前预估能过 200 万台，2014 年末，媒体采访王川的时候，他的答复是小米电视的销量仍然不便公布。但根据市场第三方的统计，智能电视的销售中，海信、创维、TCL、长虹等传统厂商仍然占据销量的大头。这时候，雷军的解释依然是内容：“产品买回去以后，用户是要看内容的，所以整个内容产业对小米电视、小米盒子、小米手机，包括小米平板都是生死攸关的一件大事。否则做工这么好的电视，因为内容不够丰富，那消费者意见就很大，所以解决内容问题已经成了小米迫在眉睫的任务。”

生死攸关、迫在眉睫这样的词都用出来了，雷军有多急切，可见一斑。因为他的战略预期并没有达到。按照雷军的言论，他其实给小米画了一个蛋糕，这个蛋糕以 MIUI 系统为核心，由三个不同的小米组成。

第一个小米是由小米手机（含小米平板）、小米电视（含小米盒子）和小米路由器三大硬件核心产品构成的。第二个小米是 MIUI 及其构建的移动互联网内容和服务生态。小米计划花 50 亿美元投资的 100 家智能硬件公司将成为“第三个小米”。

手机不错，平板差点，问题不大；盒子不错，电视差点，有点郁结；小米路由器还没到发挥神奇功效的时候，不急。至于智能家居方面，一时也难分出胜负，先这么着。所以小米硬件的核心突破口在客厅，客厅的消费是电视，电视要内容，小米太缺了。

现在看来，让用户自行破解虽能够带来销量，但只是权宜之计。小米要得不仅仅是这个，它的目的是用硬件占领市场，用内容做增值服务赚更多的钱。但其产业链上的内容环节掉了链子。

不过小米遇到的仅仅是内容瓶颈吗？其实也不尽然。价格是一个因素，百把块的盒子买回来不好用，消费者亏得起，动辄好几千元的电视要是放在家里无用，消费者就会想不开了。但这也不是最主要的，问题的关键或许出在硬件上。这是一个消费者的钢板，仅仅靠一个性价比优势很难击穿。根据中信证券、中国经营报、中怡康等提供的数据显示：截止到 2014 年年底，中国主流电视厂商创造了总量为 3110 万的智能电视用户总量。其中海信以 800 万位居榜首，TCL、创维分列以 650 万台和 630 万台位列第二、三位。而乐视和小米的用户量仅为 150 万和 30 万，相形见绌，如图 4.8 所示。

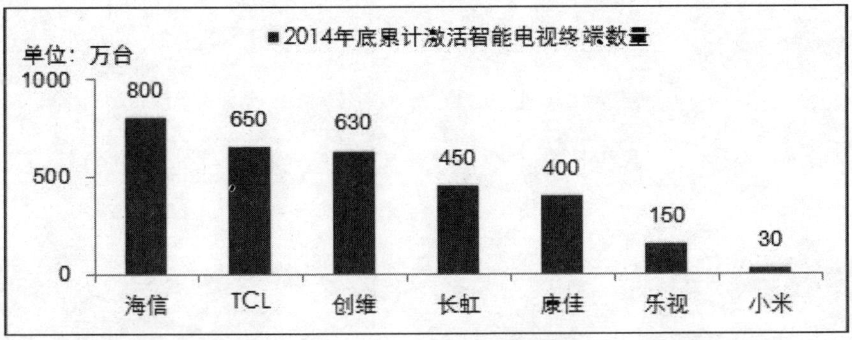

图 4.8　中国主流电视厂商 2014 年底智能电视累计激活数量

分析上述数据不难发现，传统电视厂商在智能电视上的威力比乐视、小米要牛气得多。小米刚做电视时，创维国内营销副总经理杨孝骏曾经炮轰小米电视“在技术上还处在‘石器时代’，小米电视在很多地方使用了传统彩电厂商两年前的旧技术，采用的是已经过时的 V13 代液晶面板，在能效等级等指标上相对落后。”

2015 年 3 月，海信集团董事长周厚健说了这样一段话：“电商会拉低和削弱中国制造水平，‘低价’是电商销售的核心，它满足了中国人图便宜的心理，但制造‘便宜’的产品，是以牺牲质量、成本甚至是减少工序为代价的，电商的很多产品都是三无产品甚至是假冒伪劣产品”。

传统电视厂商站在自己的角度说技术，其实和小米们说的是一码事。电视与手机相比并不是只有屏幕大，还有其他许多区别，比如屏幕的选材、机芯的调试等，更重要的是用户对老牌电视厂商的质量更为放心，谁也不乐意隔上一年半载修一下电视，而手机过一年半载就可以换了。

才出炉几年的小米电视还造不出这种用户口碑，谁也不乐意成小白鼠，至于以后那就两说了。而且小米自己并不造电视，都是通过代工。国内大品牌担心小米自己做好了，会甩开它们单干，都不和小米玩，小米只能选择在业界有名但消费者基本不清楚的代工厂。最懂消费者欲求的小米委实难以击破这个心理钢板，才退而求其次在内容上找补，这是小米优势极大的领域。目前小米没败，但距离赢还有点远。

第 5 章
零字长蛇阵的溃散——盛大

2014 年 11 月 27 日，盛大游戏发布公告称盛大网络将其目前所持有的 18% 股权出售，今后不再持有盛大游戏股份，同时陈天桥退出盛大游戏董事会席位，并辞去盛大游戏董事长及薪酬委员会、企业发展和财务委员会主席职务。

距离 2004 年 5 月，盛大网络在陈天桥的管理下通过网络游戏《传奇》铺路，成为世界上拥有最多在线用户数的网络游戏运营商，网络累计注册用户近 1 亿人，成功实现纳斯达克上市，并让陈天桥在创业 4 年、时年 31 岁就成为身价 88 亿元的“中国首富”，仅仅只有十年光阴。盛大游戏是盛大做大、做强并拓展到互联网多个领域实现多元化发展后，于 2008 年成立的专注于游戏领域的子公司，并成为了盛大网络的输血奶牛。

中国网游行业的第一任老大彻底离开了自己起家的领域，一个有关游戏的“传奇”已然谢幕。

5.1　陈天桥的完美闭环

在已经习惯了社会化大分工的当下，许多企业却做着属于自己的产业链闭环。两者看似相悖，却也可以和谐共存，关键看如何去做。

《传奇》这款当时并不十分先进的网络游戏出乎意料地大获成功，让陈天桥看到了希望，也确实一度形成了一个既有社会化大分工，又不闭关自守的完美闭环。

5.1.1　一个传奇的 PK

1999 年，上海浦东新区科学院专家楼一套三室一厅的房子里，26 岁的陈天桥与妻子、弟弟等人一起用 50 万元创办了盛大网络。2001 年，盛大网络正式进入游戏行业，先后代理运营了 《传奇》、《新英雄门》、《疯狂坦克》等多款大型网络游戏。

当年，盛大和韩国公司签订《传奇》中国代理权时，陈天桥只剩下 30 万美元，他力排众议，把全部资金投了进去。陈天桥说有一段时间他每天都能感受到死神的脚步："2001 年之前盛大几乎每天都有可能死去。但我下定决心要做，因为网络游戏当时在中国还知者寥寥，我认为它一定会成功。"

之后的过程不用复述，就和过山车差不多，在网络游戏还在野蛮生长的那个年代,《传奇》出人意料地成功了。为什么在当时那么多网游之中，技术并不是最好的《传奇》能够成功？说法有很多，而我则认为原因可归于当时的一个流行词汇——PK，如图 5.1 所示。

在整个游戏地图中，除了各个城市中心的一小块安全地带无需进行 PK 外，其他任何地点都可以进行任意 PK。这个游戏玩法带来的影响主要有以下三方面：

图 5.1　热血传奇十周年海报可比游戏本身好看多了

一是直接的影响。不够大的地图和太过拥挤的玩家人群形成了矛盾，生存空间的需求以及占据最好的刷怪地点的欲望，让玩家更渴望成为强者。赢家通吃的哲学在这里发挥到了极致。

二是间接的影响。早前的网络游戏大多只是玩家上网联机的单机游戏，一个人战斗，一个人刷怪，没有多少互动，可以完全按照攻略进行。面对强势霸占最好刷怪地点的敌手，聚合众人之力将他 PK 出去，成为了弱者的不二选择。如何配置队伍，如何确定战术，如何以弱胜强，都带有不确定性，也更增添了游戏的乐趣。

三是蝴蝶效应。在练级、打 BOSS、攻城等一系列需要 PK，尤其是多人组合成为一队人马的群殴式 PK 中，寻求稳定的队友关系、进而成为一个更多玩家组合而成的公会，随时随地完成一个由各种职业组合而成的完整 PK 阵容的需求也在不断放大。脱离了“组织”，个人很难在游戏中玩得好，成为了网游的标准答案。

由此，我们不难发现从“个人”到“集体”的人类社会发展的阶段论也适用于虚拟的游戏世界，在 PK 的过程中，PK 获胜作为原生态需求也进化成了玩家之间交流的基础，友谊的萌芽由此形成。原本只存在于现实生活中的小伙伴之间的友谊扩展到虚拟世界中，能够产生什么效果，我无法简单概述。不过，在《传奇》运营了十多个年头的今天，它的虚拟世界中依然活跃着数以百万计的玩家，且很多人早已经停止了 PK，只是用游戏里的聊天频道和昔日的队友们闲聊人生。

说白了，《传奇》社区成了一个游戏版的 QQ，一个社交平台。这其实也能说明为何《传奇》与在当时同样不够先进的 QQ 一样，能够在山寨最极端的年代击败之后的模仿者：技术可以复制，以人群为单位的庞大社交网络一旦形成，就很难被直接“拿来”。

用数据说话

2015 年 2 月，中国互联网信息中心（CNNIC）发布的《第 35 次中国互联网发展统计报告》显示，2014 年的 PC 网游中，用户规模排名前 15 位的游戏产品用户规模均在 100 万以上，2014 年的端游无一款进入 15 强，而 2001 年出品的《传奇》排名第 15 位。

此刻，再回过头来看这样一段话，也就不再觉得惊讶了：《传奇》网游收费第一个月就实现赢利，并迅速登上各软件销售排行榜首位。仅一年半时间，《传奇》就占中国网游市场的 68%。2002 年中的一天，财务跟陈天桥报告说我们一天的收入超过了 100 万。而那个时候，盛大还不到 100 人。

PK 无疑是那个年代的游戏行业里最具颠覆式创新的理念，尽管它在技术上并没有多少难度，只是一个玩法而已。但这就是一个十分成功的互联网思维，足够让当时数以千万计的网游玩家将陈天桥抬上中国首富的宝座。

5.1.2　有可能打造闭环吗

对于陈天桥而言，《传奇》的成功除了让他成为首富外，也让他看到了打造产业闭环的可能。

作为事后诸葛亮，我依然无法对陈天桥的商业布局过多否定。31 岁成为首富，可谓少年得志，雄心万丈自然不可避免，而他所筹谋的闭环并非天方夜谭。至少，在《传奇》上没有任何问题。2004 年成为首富的陈天桥和他的盛大其实都还是打工仔。会下金蛋的《传奇》是代理韩国游戏公司 Actoz Soft 的游戏，简单来说，盛大当时的地位就是中国区的经销商，拥有在中国的运营权。

但同样传奇的是 2004 年 11 月 29 日，盛大以 9170 万美元的现金收购 Actoz Soft 公司约 29%的股份，从而一举获得该公司的控股权。

这个收购背后有着很繁琐的韩剧般情节，其中还牵扯到若干版权问题，没有几万字很难说清楚。简单总结一下就是在研发了《传奇》之后，韩国 Wemade 公司进一步研发出《传奇 3》，本着不让盛大一家独占的原则，Wemade 公司于 2003 年将《传奇 3》在中国的运营权交给光通通信。而为了抵消“升级版”给《传奇》带来的冲击，盛大也独立研发出《传奇世界》并于 2003 年 7 月上线，之后因为产品是否山寨的问题爆发了一连串的口水战。最后的结果是成功登录纳斯达克、腰包鼓鼓的小伙计盛大做了件一劳永逸的事，把掌柜 Actoz 的老店给盘下，用钱把扯不清的版权问题给摆平了。过去在上游握有版权大棒的韩国掌柜的生杀予夺大权不复存在。小伙计盛大买下了整个产业链，从产品到运营再到渠道，盛大说了算。

这就是《传奇》的产业链闭环，尽管还有一些社会化分工，比如游戏的维护升级、版本更新还需要韩方支持，但整个游戏研发、运营的脉络已经是盛大系了。

陈天桥的产业链闭环思维是否从此发轫，不得而知。但我们可以发现在之后的盛大互动娱乐产业链大闭环中都贯穿着一个思路，有钱的盛大将它要建立的产业链上最优势的企业收购变成贯穿整个产业链的关键节点，筑成一个个打着盛大系标牌的环形工事。上、中、下游的主动权都掌握在盛大手中，昔日上游厂商想要对盛大分而治之，已经不可能发生。

另一个相对的案例是 2009 年依靠代理经典网游《魔兽世界》而成功成为中国游戏行业一线企业的九城，就因为上游的游戏研发厂商暴雪将游戏中国区代理权交给网易从此一蹶不振。虽然手握强大现金流，也只能退居到游戏行业“不入流”的行列。

所以，盛大闭环的互联网思维可以解析为：不排斥社会化分工，通过并购将原本散乱甚至可能因为利益纠葛而变得无节操的社会化分工置于盛大的控股之下，形成下游是社会化分工，中层是作为火力支撑点的盛大系公司相对独立运营，上游则是盛大和陈天桥战略思维全面操盘、不容外人染指的闭环。

接下来简单了解一下盛大在游戏领域的并购史：

2003 年到 2005 年间，盛大先后收购网络棋牌平台——基地城市、边锋和游戏茶苑。由此，盛大平台上的棋牌游戏最高同时在线人数达到 50 万，成为中国最大的棋牌游戏平台之一。在网络棋牌游戏领域，形成与联众、QQ 棋牌三足鼎立之势，并有超越另外两者的趋势。

2003 年 9 月，盛大收购全国最大的网吧管理软件公司成都吉胜科技有限责任公司。由此，盛大不再担心在网吧里安装旗下游戏的问题，必要时还可以遏制竞争对手的游戏。

2004 年到 2006 年，盛大逐步完成对中国最大的在线对战游戏平台运营商上海浩方在线信息技术有限公司的收购。由此，盛大在电子竞技领域拥有了强大的话语权。

不难看出，当时的游戏市场基本就四块——网游、棋牌、电竞和单机。对于已经基本完成市场开发与分割的棋牌游戏领域，盛大采取的是能并购都并购的策略，以期用强劲资本直接切割蛋糕。在盈利模式尚不明显的电竞领域，盛大则是抢下潜力股，直接占据龙头。而在网络游戏领域，当时基本是盛大一家独大。至于单机游戏，国人已经不待见了，这点盛大很清楚。

在游戏市场中，盛大就这样靠资本之力基本形成垄断或半垄断式的闭环包围圈，完成了从游戏代理商到多门类游戏研发、运营商的转型，有了“资本在手，天下我有”的气势。

别急，马上就是闭环的滑铁卢。

5.1.3 盒子是平台还是“私房菜”

业界往往以盛大盒子的失败作为盛大由盛而衰的分界线。愚以为非也，这不过是盛大闭环的一次尝试。盛大之前的运气太好了，网易丁磊试错了三把：邮箱、SP（电信增值业务）、网游，才在2003年成为首富；马云只做了个电子商务，但从1999年创立阿里巴巴，直到2014年阿里上市才成为首富。相对而言，陈天桥一次梭哈就成为首富了，基本没交过学费。

2004年起，陈天桥就高调宣传他的“走进客厅”攻略，即所谓的“让中国的家庭数字娱乐从卧室走进客厅”。其核心就是基于PC架构的盛大易宝（EZ Pod，俗称“盛大盒子”），使客厅的主人通过“盛大盒子”这个机顶盒设备，将盛大提供的网游、音乐、影视等互联网娱乐内容整合并接入电视机，从而全面控制用户的家庭娱乐终端，如图5.2所示。就如同比尔•盖茨曾经发誓要让每个人的桌上都摆上个人电脑一样。

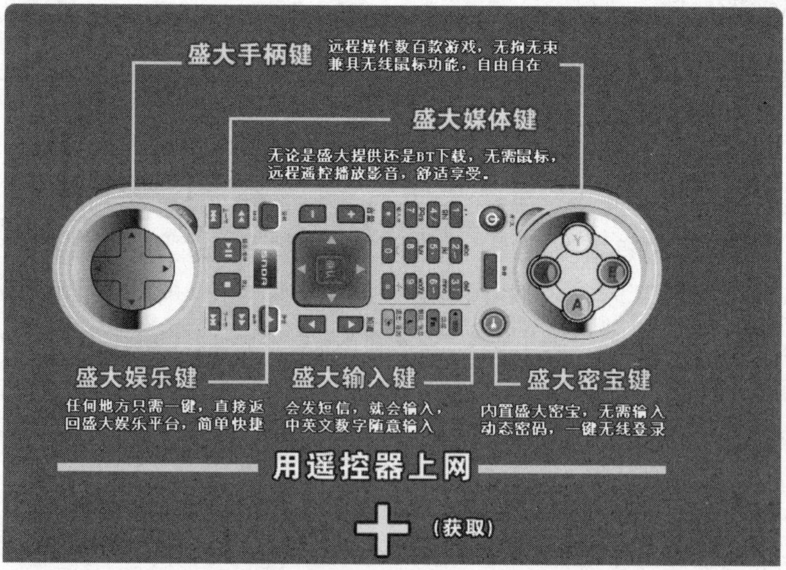

图5.2　盛大易宝的说明书就是野心的象征

这是盛大闭环中关键的一环——平台。一个《传奇》不是平台，它只是一款游戏，哪怕再赚钱也会有终结的一天。而平台则不同，如微软的 Windows，它就是平台，上面的各种软件热门了又冷门，换了 N 茬，但平台依然热到爆。当下的 BAT 之所以红火，皆因其发展成为了平台。而当年和他们齐名并有超越之势的盛大虽平台化最早，历经了屡败屡战、又屡战屡败，但最后成为退出江湖的失意者。

陈天桥被称为互联网领域的战略家，本身是实至名归的。他在 2004 年就看到了平台化的利好，而这个战略真正被互联网领域热捧是在五年之后。当时听说过盛大盒子的人多，但真正搞清楚概念的人很少，不过换到当下的场景就很容易理解了，它甚至当得起 2014 年的流行字眼——智能家居。

但优秀的战略家并不一定稳赢，克劳塞维茨如是，蒋百里亦如是。

盛大盒子这个平台级、领风气之先的产品，裹挟着盛大资金的汹涌之力，花费了 4.5 亿美元，为何只是业内的一个传说？固然与当时遭遇到政策红线有关，2006 年 4 月 11 日，广电总局发文点名盛大盒子违规。固然与售价有关，高达 6 千元的价位使产品和当时的消费主流趋势有点格格不入，但这并不是败局所在。一是 2014 年盒子们也遭遇了新的政策红线，禁止视频网站的 App 乱入，但以小米、乐视为代表的智能盒子、智能电视们依然活着；二是中国消费者并不太吝啬好东西，iPhone、iPad 就是例子，骨子里的那点炫富需求还是能支撑起一个贵且好用的产品的。

盛大盒子为何会败？关键是基因，盒子表面上属于硬件范畴，一开始就和玩软件的盛大的基因不和。做游戏运营起家、曾经快速技术攻坚下《传奇世界》这样大型游戏软件的盛大，终究没有硬件积累。没关系，有钱的盛大可以买技术，买硬件，买一切盒子需要的资源，但这样做的结果是客观上造成了价格的居高不下。但这依然不是问题，如果盒子能够有足够的消费群体支持，未尝不能亏本卖出去，采取类似索尼 PlayStation 家用游戏机那样的策略，亏本卖硬件，靠平台搭载游戏软件来赚钱。但盛大却没法成为 PlayStation，因为它用硬件搭建的平台缺少足够的软件支撑。

一心要做平台，同时又想打造产业闭环的盛大就此陷入了一个悖论：平台需要开放来吸纳足够的内容，而闭环就像个朋友圈，核心要义是自给自足。盛大的决定是继续花钱买资源。

前面提到的收购浩方、游戏茶苑、边锋等游戏平台，以及收购门户网新浪19.5%的股票成为其最大股东，并购原创娱乐文学门户网站“起点中文网”等，加上盛大和 48 家在各领域领先的内容提供商合作，均是为盒子的内容资源做准备——新闻资讯（新浪）、文学图书（起点中文）、FC、SF 游戏（任天堂）、棋牌休闲游戏（边锋）、天气、在线音乐、在线影视（五洲宽频）、在线教育（新东方）、卡拉 OK、证券财经（证券之星）、电视直播（需安装电视卡）等功能。

新浪毒丸

盛大对新浪的并购遭遇新浪“毒丸计划”（股东购股权计划）反攻而落空。为应对盛大并购，按照股东购股权计划，新浪对股权确认日当日记录在册的每位股东，均将按其所持的每股普通股获得一份购股权。最终盛大陆续售出新浪股权，2007 年 5 月后，盛大不再拥有新浪股份。

一个以盒子为平台，搭载盛大自有产品为核心，其他合作伙伴为辅助的内容服务产业链闭环看起来已经非常完美了，自带的内容似乎已经能够满足大多数用户的使用需求。但缺点恰恰在这个看似完美的平台，它其实就是一个封闭的世界，标准的“闭关锁国”模式，除了自己的或合作伙伴的外，别家的内容都很难拿到通行证。

对比一下 PC 平台 Windows、移动互联网平台 iOS，微软和苹果也仅仅只是提供了基础的几个应用，而且功能相当简单，大多数用户在平台上使用的都是海量的、乱入的、功能更加强大或个性化的第三方软件（应用），推行的是门户开放策略。再看看当下泛滥的安卓系统盒子们，也没多少人使用或满足于预装的那丁点厂家应用，而是在应用商店里大量“淘宝”。

或许你会为有超前眼光的盛大也有目光短浅的时刻惋惜。其实不然，当时的盛大还算比较纯血的游戏公司，盛大盒子所能参照的是索尼的 PlayStation、微软的 Xbox，乃至更久远的任天堂红白机等一系列以游戏为主打家用电视游戏机们，作为平台，也大多是给自营游戏和合作伙伴们的享用的。

这是时代的局限，也是设定的局限，毕竟盛大盒子并不是一个游戏盒子，而是目光远大的家庭互动娱乐盒子。在定位上，仅仅靠有限的内容和昂贵的价格是很难收获用户的。

当然，盛大盒子的失败也有陈天桥的性格使然。曾有媒体报道过如下传闻："我们可不可以寻求外部合作?可不可以不用盛大在线，不用盛付通?"盛大游戏高管们曾如此与陈天桥争辩，答案是不能。"如果不用盛付通，用支付宝，那就是背叛"。

如果传闻是真，想做平台的盒子最后变成了私房菜也就不足奇怪了。而这个思维，之后也将继续影响盛大的新平台战略。

我曾看到一篇自媒体文章提及在百度的工作经历，里面有一段趣闻："刚入百度，有些技术资料搜不到，我问同事怎么办，他觉得很奇怪，说为啥不用 Google，所以百度内部并不是必须要用自家。我们经常说外事不决问 Google，内事不决问度娘"。

骨子里的封闭与骨子里的开放比喊口号来得实际。不过没关系，盛大的本钱还在，一个盒子不会伤筋动骨，很快盛大重启平台战略，这次重归游戏领域。

新的、更大、更全的盛大闭环在盒子落幕之后迅速浮出水面。

5.2　去中心化还是游戏化

早在 2004 年盛大最红火的日子里，曾经有高管推演过一条有趣的平台路径：将盛大游戏所有网游入口整合进一个框型客户端，凭借当时的强势地位，抓住客户端领域的机会窗口，在用户桌面占据一席之地。我们可以将其视为是当下各种软件管家的游戏专属版。只是这个互联网思维在 2004 年，带宽不太大，客户端游戏大体靠光碟或玩家坚韧不拔的下载毅力完成的时代还有点点超前。而且能不能成，没实践过的事情也不好说。

在盛大盒子败北后，盛大回归游戏主线，开始再一次构架一个围绕游戏展开的、聚合盛大互动娱乐优势资源的新平台战略时，新的试错开始。

5.2.1 “贪吃蛇”的迪斯尼布局

十多年来盛大不断出手，意图整合韩国游戏研发资源与各地网吧资源，整合游戏平台与游戏研发公司，整合文学网站与出版发行行业，整合影视剧与网络视频行业……盛大正在一步步接近网络迪斯尼的梦想。

一个从网游延伸开来，涉足小说、出版、电影、音乐、视频、旅游等多个方面，几乎涵盖文化娱乐产业各个节点的庞大盛大互动娱乐帝国在盛大不断的并购活动中，以资本之名很快建立起来。这一切，就如之前所述的在网游领域的并购一样，简单方便而快捷。

我们再来看看除了游戏领域外，盛大在 2009 年下半年的连续出手：2009 年 6 月，盛大收购华友世纪 51%股份，获得 SP 业务、手机游戏、数字音乐、艺人经纪等业务资源。2009 年 11 月，盛大与湖南广电达成战略合作，双方共同出资 6 亿元成立盛视影业公司，主营电影和电视剧的制作发行、艺人经纪服务以及相关衍生业务和服务业务。2009 年 11 月，盛大通过华友世纪全资收购酷 6 网，一举进入网络视频一线阵营。2009 年 12 月，盛大收购老牌文学网站榕树下，使其成为 2008 年 7 月依托盛大并购的起点中文网、晋江原创网、红袖添香网组成的盛大文学中的一员。2 个多月后，盛大又连续收购了小说阅读网和潇湘书院，盛大文学成为网络文学领域毋庸置疑的 NO.1。

盛大为何如此高密度地出手？每一个敲击点都在文化领域的一个互联网环节之上，而且拿下的是这些环节中最强的那一家，比如酷 6、榕树下。同时 2009 年的 9 月，盛大游戏从盛大网络中分拆上市，IPO 定价为每股 12.50 美元，募集资金达到 10.4 亿美元，成为当年度美国市场最大规模的 IPO，这也让盛大游戏变为当时中国最大的网游运营商。

在盛大新的平台战略中，反复出现的一个字眼是“迪斯尼”。这其实是陈天桥在未发迹之前就已经有的梦想。1999 年，盛大创立之初，第一个项目是一个卡通网站 stame.com，目标是“网络版的迪斯尼”。而之后的一场招聘，陈天桥扛着自制的招聘板坐火车到南京大学，说他们是盛大公司，他们要做中国的迪斯尼，现场却无人理睬。

抛开米老鼠、唐老鸭和游乐园这些具象，迪斯尼实际意味着什么？或许《愤怒的小鸟》创始人彼得的说法具有相当代表性：迪斯尼是一个庞大的、拥有多个入口和出口的文化输入、输出器。

盛大通过大量并购和合作，目的就是建立这样一个多入口和出口的文化输入、输出器。因此，它变成了诺基亚手机里最为经典的那只贪吃蛇，拼尽合力地吃着豆子，扩充自己的产业链。让自己从只有游戏这一单一出入口，发展成多个出入口。

依靠资本之力，盛大发展出了备受世人关注和诟病的全产业链形态——从上游的原创资源（华友无线渠道和音乐业务、起点中文，盛视影业、Actoz 等）到运营平台（盛大游戏、华友、盛大在线等），再到用户渠道（酷 6、浩方、华友等），其核心依然是游戏。如果对这个全产业链形态的运行方式做简单概述，我们可以这样来审视，通过盛大文学的原创作品版权及其雄厚的读者粉丝积淀制作同名游戏，交给盛大游戏制作同名影视剧，通过酷 6 和其他合作伙伴进行发布。这个公式还可以倒推，比如盛大制作的游戏，可以通过网络文学站点原创出同名小说，再制作成影视剧卖钱。

说的更白话点，就是任何一块金子只要在任意一个火力支撑点（文学、游戏和影视）中发光，就可以依靠其既有影响力在盛大其他的火力支撑点上进行新形态的移植。迪斯尼就是这么干的，一个米老鼠，可以漫画、动画、电影、游戏、游乐园等形式出现，一子落，全盘活。不仅不把鸡蛋放在一个篮子里，还要把金蛋复制到不同的篮子里。

这是一个什么样的景象呢？就是贪吃蛇游戏的最后形态，把豆子吃完，没留下任何空间，嘴巴咬到了尾巴上，首尾贯通。

5.2.2 “衔尾蛇”其实很创新

盛大布的这个阵是什么阵？是长蛇阵，只不过不是数字“1”，而是数字“0”。这就是贪吃蛇的终极形态，零字长蛇阵——衔尾蛇。

最近一次看到衔尾蛇是在港产喜剧《喜马拉雅星》里一个印度教的图腾。其实，衔尾蛇是一个在全球许多个文化文明、神话宗教中都出现过的象形符号。而在其定义中，最被世人接受的是“无限大”、“循环”等意义。衔尾蛇也经常被物理学家用于标示宇宙的封闭系统模式。比如柏拉图就形容衔尾蛇为一头处于自我吞食状态的宇宙始祖生物，它是不死之身，拥有完美的生物结构：它的排泄物就是它的食粮，它的行为及行为的影响都源于它，亦受之于它，一头能够自给自足的生物，如图 5.3 所示。

看完上述定义，会不会觉得这跟盛大构建的互动娱乐产业链闭环的基本描述和基本功能很像？盛大是否会成为柏拉图所说的不死之身，并自我增生？注意，不是骨质增生哦！

比起有着腰斩这一明显 Bug 的一字长蛇阵来说，零字长蛇阵的优势就在于其已经分不出头、尾，更没有所谓的腰，浑然一体，盛大布局的每一个火力支撑点，本身都可以各自为战，自成一家，独霸一方，合在一起又可以互相协作，左右逢源，且基本不需要外部资源，能够自给自足。

这叫什么？用流行的互联网思维来拔高，就是去中心化。

图 5.3　衔尾蛇的一种图像

至于实现自我增生、无限增大，盛大给出的方子是自有版权，这也是去中心化模式中的真正中心，通过不断的创新，创造出大量自有版权的产品，然后放在各个火力支撑点上去增值。

我认为彼时的盛大是互联网领域最具创新意识的企业，没有之一，就是当下以创新和廉价出名的小米也和当年的盛大相差甚远。

盛大有多创新，创新成功后会如何？先看看 2011 年 10 月的一篇名为《盛大“该死”》的评论文章：

低调的盛大忽然被热议，论调也不是很新鲜——盛大多年来一直靠网游“造血”，再“输血”到长长的新业务线中去，以期实现从网游向传媒娱乐帝国的转型。但随着网游收入的锐减，新业务亏损依旧，盛大的梦想似乎难以实现。

曾经雄踞互联网产业宝座的盛大，曾经在 7 年前靠一款名为《传奇》的游戏占据六成以上的游戏市场，扶时年 31 岁的陈天桥荣登当年中国首富的盛大，那个在互联网草创阶段少年成名的盛大在衰落吗？我的判断是——“该死的”盛大。

不山寨能活吗

这个论断要是放在具体的语境下，如在时下国内互联网产业延续娱乐圈“中国抄美国”的山寨环境下，盛大的行事风格注定它的异类和该死。

盛大有过山寨的历史，甚至可以说是国内山寨的鼻祖。当年它代理《传奇》让自己从一个名不见经传的小公司一夜登顶，成名天下。虽之前有《石器时代》、《万王之王》等产品。但可贵之处是盛大建立起了一整套网游服务体系，成为行业的标准。

6年前盛大不再山寨后，日子似乎过得就不再那么滋润了。六年前突袭新浪，从公开市场买入新浪19.5%股份成为最大股东，但被新浪“毒丸计划”逼退，含恨卖掉胜利果实；五年前推出“盒子计划”，欲抢占中国人的客厅，又因市场和政策不成熟无疾而终；近年来，盛大投资的诸如网络文学、视频、音乐和旅游之类的项目，每一项盛大都在大肆创新，但对比网游来看，前几个产品的赚钱能力凸显不足。

特别是当众多以山寨硅谷全新互联网技术而一跃成为行业翘楚的那些同行来说，少年成名的盛大今时今日确实显得有些落寞。

这似乎一切都预示着在中国，不山寨想创新，真的该死。

中国式的创新哀伤

在基本忽视创新的中国互联网领域，盛大是先行者，但并没有因为该死而成为先烈。

盛大网络不久前发布的2011年第二季度财报显示：其当季营业收入为17.10亿元，营业利润为1.38亿元，净利润为0.636亿元。陈天桥在打造盛大“娱乐帝国”的过程中，战线拉得太长，很多新兴业务不盈利，出现了高营收、低利润的财报表现。虽然该死，但却非必死。

之所以该死，是因为盛大在这些新兴业务上将创新看得太重，尤其是别人不敢碰的版权难题，它一个一个撞上去。盛大文学要依靠出售有版权的文字赚钱，盛大音乐要靠贩卖有版权的音乐赚钱，被盛大收购后的酷6改邪归正不放盗版碟，改做有意见的视频……这一切摆在只要共享不讲版权的中国网民面前时，赚钱似乎变得很难。

业内知名人士评价盛大时，认为其舍弃好走的山寨康庄大道不走，专走难走的创新之路，逆行业大势而行。

这样的盛大，真的该死，但它现在其实活得挺滋润。

版权突围的盛大逆袭

路难走，行路难，但盛大依然在坚持着。

网游的造血机能早晚会弱化，这几乎是排名前十的网游公司的共同认识。完美时空一边做着它的海外网游进军，一边投资影视剧；网易、腾讯、搜狐、金山等其实一直都不是纯正的网游公司。它们都明白一点，不能把鸡蛋放在一个篮子里，必须多元化发展，避免风险。

唯一的例外——靠代理《魔兽世界》杀入十强的九城，尽管之后还玩了把体育，和不成器的申花混在一起，但后者基本算是其老总朱骏的个人娱乐节目。九城失去了“魔兽”代理权后再无造血能力，进而变成互联网行业籍籍无名的小角色。

盛大命中注定选择了艰难的创新之路就只能走到底，而中国的版权环境让盛大这条路特别难走。创新成功又要能防止别人山寨，创新不成却又因为版权瓶颈，但现在似乎曙光已现。

盛大文学将是突破口。9月起热映的影视剧《步步惊心》可以看做盛大既作版权又防山寨，同时还要赚钱的一条明线。来自盛大起点文学网的热门穿越小说《步步惊心》被推向影视市场结合原有人气和影视剧再造的人气，盛大文学让一个作品不断创造新的价值。

单向输血 VS 血液循环

旗下拥有起点中文网、红袖添香、潇湘书院等原创文学门户的盛大文学是网络小说最大的卖家。除了已卖出的《裸婚时代》和《步步惊心》，正在拍摄的陈凯歌指导的电影《搜索》，以及刚刚以业内最高纪录成交的《鬼吹灯 2》，原作均来自盛大。仅在 2011 年，盛大文学已售出多部作品的影视游戏版权，文学反哺游戏和影视的初步雏形已成，2011 年上半年盛大文学超过 3 亿元的净营收说明了其早已不是外界所认为的“被扶持单位”。

盛大文学 8 千万的注册用户、盛大游戏平台数以百万的同时在线人数、盛大影视上免费看视频的千万用户，乃至其他盛大的各种新业务线，聚集起来的的人气和形成的环状产业链在盛大这个平台上，经过一次又一次的尝试开始逐步形成血液循环。

最新的消息是盛大旗下的另一家新兴的“切客网”已经据传在对外独立融资，印证了市场对其发展模式的肯定，发展势头迅猛。

盛大布的局是不山寨要创新的珍珑棋局，而破其一点，全盘皆活，看来该死的盛大如果现在不死，将会更好地活下去，只是在全行业习惯性山寨的格局下，盛大数年辛苦、亿万资金打造的循环链条将难以山寨。

如果一切如此发展，届时互联网行业的众多同行又要暗地里咒骂一句——“该死的盛大”。

这篇看起来十分标题党，又有点像软文的评论，作者正是不才在下鄙人我。

但为何看起来坚不可摧的环形工事里的盛大在看上去很美的未来图景中，却最终让“网上迪斯尼”的梦想消散无踪了呢？

5.2.3 怎么就骨质增生了

盛大最有力的赚钱工具是游戏，尽管盛大做的是一个左右逢源的局，试图形成一个去中心化的不死之身。但在骨子里，它依然是以游戏为中心。或者可以这么说，版权是相对虚的中心，而游戏则是版权变实的凝结物，说到底，盛大在做一个有点自相矛盾的事情，既去中心化，又想中心平台化。而这些使盛大构建的闭环中硬性勾连在一起的各个火力支撑点间的排异反应又加剧了。

我认为选择游戏做平台的中心，不仅仅是无奈之举，也是明智之举，更是盛大唯一能够选择的突破口。

虽然盛大其他的火力支撑点也很强大，不是所在领域的头把交椅，也在一线阵营，但“第一”、“领先”这样的词汇并不代表强大的收益能力。

先看盛大文学，这个盛大旗下风头仅次于游戏的大蛋糕，鼎盛时期一度占据网络文学市场份额近八成，让妄图蚕食市场的 BAT 三雄全都望尘莫及，如图 5.4 所示。那现在整个网络文学领域是什么状况呢？

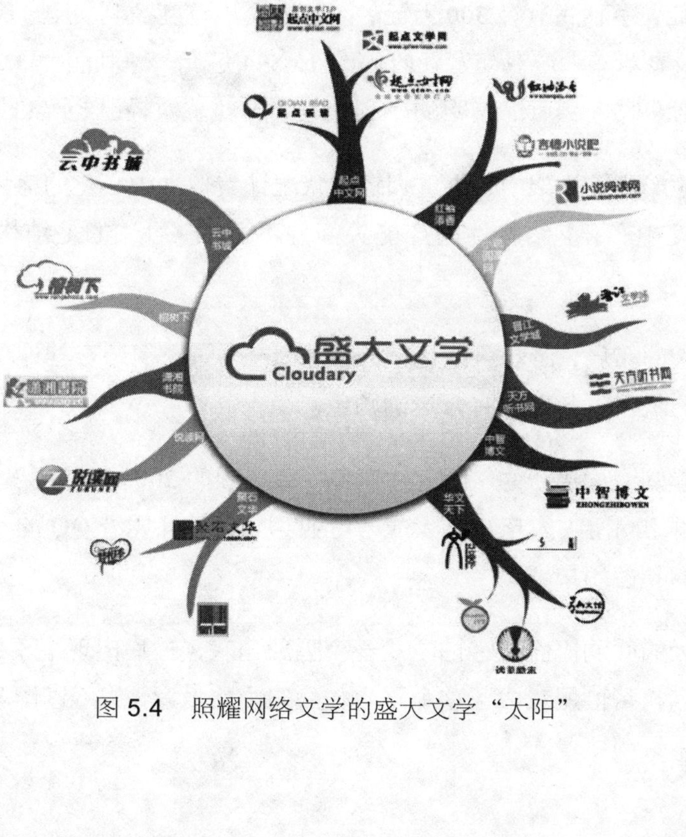

图 5.4　照耀网络文学的盛大文学“太阳”

根据CNNIC发布的《第35次中国互联网络发展状况统计报告》，截至2014年12月，我国网络文学用户规模为2.94亿人，较2013年底增长1944万人，年增长率为7.1%。网络文学使用率为45.3%，较2013年底增长了0.9个百分点。另根据国家新闻出版广电总局数字出版司相关负责人在2014年披露的一组数据来看，2013年网络文学收入规模达到46.3亿元，预计2015年将突破70亿元。

而2013年，网络音乐市场整体规模已达到74.1亿元，网络视频市场规模超过100亿元以上，网络游戏市场规模突破1000亿元，网络购物去年市场规模更是达到2.8万亿元。网络文学的70亿元市场规模与其他文化娱乐类别比起来还有多少话语权，格局可想而知。盛大就是把网络文学地盘全占了，产出也玩不过游戏，更何况还有腾讯文学在一旁虎视眈眈。

盛大文学自身情况也不是太乐观，因为没有上市，所以能见到的数据并不多。根据盛大文学重启IPO的2012年披露的数据来看，该年一季度盛大文学营业收入为1.92亿元，净利润只有300万元，而且还属于首度盈利。反过头来看盛大游戏，同期财报显示盛大游戏净营业收入为13.894亿元，净利润为3.368亿元。十倍差距的净营业收入和百倍差距的净利润差异，孰重孰轻已经一目了然。

在这样的产业链构架中，头重脚轻的状况让看似去中心化的盛大闭环，最终演变成了重度中心化。结构性的产能失衡并不可怕，可怕的是结构性的配合失衡。

按照盛大的布局，游戏可以是得分手，而文学、影视乃至其他项目则是协助得分手进球的队友，各自都有合适的角色。

回过头看盛大构建新的“网上迪斯尼”最猛烈的2009年，还发生了一件事：那一年，腾讯的网游收入超过盛大成为行业第一，并且凭借QQ的互通性拥有了比盛大更多的黏性用户。

其实盛大的并购恰恰是害怕游戏一家唱独角戏，最后出现唱不下去的结果，因此花钱请名角帮忙配戏成了这个平台化战略中的潜意识。不过作为战略家的陈天桥似乎忽视了一点，单兵种作战与多兵种协同作战是有极大差别的。陈天桥为盛大配备了各兵种中最强的部队，可各个部队在盛大的旗帜下却一直都在“各自为战”。

陈天桥梦想的一个版权、一个产品，在盛大系多个领域同步开花的宏伟景愿，一直没有实现。产品之间的链条关节一直没有打通，还是一盘散沙，这样的盛大，焉能不败。

不用多举例，盛大游戏十年来最出名的产品就是《传奇》一个，可也没听说有什么出名的同名影视剧或小说。那个被寄予厚望的第一个“传奇世界”主题公园，盛大于 2009 年投入 1000 万元在浙江黄岩石窟开工建设后也很快不了了之。

当然，我们也不否认在盛大自我增生式的完美闭环里也有成功例子，比如《星辰变》。网络小说《星辰变》在盛大文学的庞大网络文学作品库中脱颖而出，大获成功，名气大增后（注意，名气并不一定等于财气），盛大借势推出同名网游成功掘金，然后又是一个没有然后的例子。

百度的李彦宏曾说过：“移动互联网时代的到来，意味着靠自己的技术开发产品的封闭思路已成明日黄花。”

一字长蛇阵的弱点是怕拦腰截断，而零字长蛇阵看似没有弱点，但如果身体各个零件成长水准不一样，就会变得畸形，变成处处都是弱点，不堪一击。即使没有外来对手的打击，这样的发展不同步、动作不协同的衔尾蛇，自我增生的最好结果也只能是骨质增生了。

柏拉图点赞的不死之身衔尾蛇，本身也很柏拉图。

5.3　产业闭环的痛点

看完前述的盛大故事，大家有没有感觉混乱且头大？没错，其实几乎所有人在面对盛大的发展史时，都会有一种剪不断、理还乱的烦躁感。因为盛大太有战略了。有时候，想法太多也是一个麻烦，更何况产业闭环这东东，本来就有点柏拉图。

5.3.1 战略太多等于没有战略

现在我们重新梳理一下盛大的战略图。

战略目标：网上迪斯尼

核心战略：一个能自给自足的产业闭环

企业并购战略：收购互联娱乐产业链上各领域当时的第一或领先企业

创新战略：在多个预期领域研发出国内第一代产品。比如盛大盒子、第一个可穿戴戒指，捆绑盛大文学的电子书产品锦书……盛大还是第一个设立专门专注创新机构的互联网企业。名为盛大创新院的这个机构，据说全盛时期规模超过500人，一年的人力成本就达1.5亿元，并设立了几十个项目，覆盖近40个专业领域，主要专注于云计算、无线互联网、物联网、虚拟现实以及人工智能等领域研发。

游戏平台战略：以盛大游戏和其拥有的庞大游戏玩家群体为平台中心，吸纳其他优质的公司游戏资源入驻，进行联运。

网络文学战略：收购业内最强势的网络文学站点如起点，通过众多网络写手的耕耘，形成强大的原创网络文学库存，这些库存不仅可以通过读者阅读付费获得收益，还能转换成游戏产品和影视作品，形成强大的衍生产业。

产业链开放战略：2007年7月，盛大专门成立了18创投基金，基金总额为10亿元，专注于推动网络游戏原创产业的发展，通过前期投资的方式积极扶植网络游戏研发工作室。18创投的含义是指盛大在投资企业中的股份为18%，这也是盛大将社会化分工有效置于闭环战略下的一种尝试。经常被宣传的样板案例是某人到盛大讲了一个好故事，获得了投资，开启了自己的创业之旅。

游戏创新产品：盛大不想被捆在《传奇》一个游戏的战车上，为此它在游戏领域也做了若干的创新尝试，甚至推出了堪称次世代的网游，比如 2009 年开始研发的《零世界》，所谓零世界，即从零开始，创造世界。该游戏的最大特色是允许玩家在游戏中自主创建虚拟的二级游戏世界，零生万物，无限拓展。时至今日，这依然是网游理念的颠覆性革新。

诸如此类的大小战略还有许多，这些战略好不好呢？

从单个战略上看，这些互联网思维都是领风气之先，并且在实践中（主要是其他互联网企的实践）被证明是可行、有效和盈利的。但若干个优秀的互联网思维放在一个篮子里，却可能出现意见相左、方向相悖的现象。就像手上拥有最好的药材，可放在一个锅子里熬成中成药却未必有效，有的凉性，有的热辣，有的温补，结果药性相抵相冲，反而成了一锅味道奇差的汤药。再比如像拥有最好的球员，每个球员都被教练灌输了一个战略，结果互相之间没有配合，再好的个人实力没有了协同的集体，也很难赢得球赛。盛大从表现上看就不是一个好医生、好教练。

去中心化 VS 游戏化，开放平台 VS 产业闭环，这些战略思维的自我矛盾，前面已经叙述了很多。即使是单个看上去很理想的战略在具体实践中也有可能夭折。我们来看看以下案例。

1．盛大创新院项目

历程：2009 年，盛大集团董事长陈天桥曾经以“保证盛大未来 10 年优势”作为盛大创新院的成立宗旨，任命其弟陈大年亲自负责。盛大创新院一直扮演着“急先锋”角色，并被业界称为“盛大唯一一个不考虑盈利的部门”。2012 年盛大创新研究院大规模裁员 75%以上。盛大创新院部分项目关停，创新院编制整体划入盛大无线。

失败原因：在创立之初，有人提出创新院应该独立于盛大体系之外，以创业的方式进行发展，但没有得到管控欲强烈的陈天桥的支持。创新院的模式大体是进行项目创新，进行商业尝试，然后放到市场上融资。问题在于创新院的员工，尽管高薪，却利用创新院的条件做自己的项目，最后项目出来了，几万块的高薪怎么可能比得过几百万的融资诱惑，然后在创新院内孵化的私人项目一个个出口了。

2. 游戏平台项目

状态：在被卖出前，盛大游戏包括大型多人在线角色扮演游戏（MMORPG）、高级休闲游戏、网页游戏、社交游戏和移动互联网游戏等 70 多款差异化游戏产品。作为一个平台，它的游戏拥有量可以说是十分巨大的。然而整个游戏平台的核心其实一直都只是《传奇》，尽管别的游戏也有不少赚钱的，但并没有形成多元化。反观网游十强中的网易，旗下游戏约 20 来款，除了一款和《传奇》基本同时面世并长盛不衰的《大话西游》外，其代理的《魔兽世界》和自主研发的西游系列如《梦幻西游》、《口袋西游》等多端产品也都是盈利的主力。

失败原因：这里不想过多叙述宏观层面的原因，09 年我和某游戏网站编辑聊天时听来的一个故事足以说明一些情况。当时，这位编辑向我感叹每天打开投稿邮箱，看到最多的是盛大各个游戏项目组发来的软文，排列下来几乎就是一个盛大游戏的产品名录。而其他游戏公司，则是统一从公关部发来几个投稿而已。愚以为应当表扬其推广的积极性，但显然各个项目组都是各自为战，抢夺游戏网站能够供给盛大的为数不多的软文空间（出于平衡，一个站点每天发布的日常新闻中，各公司都是有一定限量和平衡的），无外乎今天你占了地，明天轮到他做东。长此以往，没有统一出口，统一规划，东一榔头西一棒子的推广让所有的盛大游戏都没了多少关注。

陈天桥自己也曾感叹说道："我们很幸运但其实也很不幸，尽管我们获利最早、最丰厚，但游戏产品从一开始就不是一个平台型的产品，我们没有办法成长为像百度、腾讯那样以平台型产品作为基础迅速发展的企业"。这或许是为什么最终剥离盛大游戏这个依然会下金蛋的公司的主因。虽然能赚钱，但距离陈天桥的梦想太远，鸡肋了。

3. 手机游戏项目

历程：其实盛大的手游领域做得好的乏善可陈，也就一款代理的《扩散性百万亚瑟王》赚到了眼球和钞票，如图 5.5 所示。该游戏拿下了 2013 年被誉为中国游戏奥斯卡的金翎奖的“玩家最喜爱的手机游戏”及“最佳境外手机游戏”两项大奖，而且上线仅一天就拿下苹果 App Store 畅销榜第二、免费下载榜第一的成绩，据说其上线两周就收入 3000 万元。

图 5.5 最后的游戏余晖

失败原因：盛大的移动游戏战略恰恰是成也亚瑟王，败也亚瑟王。按照时任盛大游戏 CEO 张向东对媒体的说法：“当时我们采取传统大型游戏的推广方式，但也没有排斥类似 360 这样的渠道投放。如果说有何不同之处，那就是没有采取联运的模式。”当时，张向东是作为成功经验进行分享，说得很委婉，言语中的不排斥渠道其实就是行动上排斥。事实上，这是一个很失败的经验。

2015 年初发布的《第 35 次中国互联网发展统计报告》上有这样一段话：“和 PC 网游不同，手机游戏的推广对渠道的依赖性非常高……可以预见，拥有渠道的手游厂商将进一步垄断手游市场。”这是说给腾讯听的，同时也是说给盛大听的。因为盛大游戏在推广《百万亚瑟王》时摒弃渠道方，采用端游常用的网络媒体广告推广模式，当时依靠精致的产品和强大的推广力度获得一定成功，但却得罪了渠道方，导致渠道方拒绝与其他盛大手游产品合作，进而让盛大这样一个游戏巨头在手游领域打不开局面，这或许也成为盛大网络最后“离开”游戏行业的一个原因。

为何会这样？或许从陈天桥乃至盛大都偏重于强管控的方面，可以得出一些思考。至于 18 基金、零世界什么的，其实大多也只是一个虎头蛇尾的浅尝即止。

盛大每一次的创新和投资，都好像在重演过去的失败。有评论认为盛大的投资布局并没有给被布的点带来较大的业务帮助和持续的投入，从曾经的战略投资最后沦为纯财务投资。十年 140 多个投资项目由于缺少业务层面的整合和配合，最终没有形成盛大创新平台体系，沦为了个个孤立发展的棋子。这些项目中的多数因持续投入不足，之后被竞争对手赶超，从盛大投资时的国内第一滑落到五名开外。过去的十多年，盛大投资了 140 多个项目，却没有一个业务能成长为主营业务。

一言以蔽之，战略虽好，也要执行力配合，否则只是在画饼。而且战略太多，就等于没有战略。

5.3.2 你真的听说过盛大吗

盛大网站上公开的集团定位一度为“互动娱乐媒体企业集团”，愿景是做一家“世界领先的数字出版商”。

盛大发展的十多年中，尽管后期没有那么风光，但公司实际现金持有量却达到了 40 亿美元～50 亿美元，位列中国互联网公司前三，实力十分强悍。哪怕时至今日，盛大网站上的定位改为“来自互联网文化领域全球领先的投资控股公司”，它的资金流依然强大，不然盛大怎么实现退市和私有化并最终转型投资。

盛大私有化

2011 年 11 月 22 日，盛大网络宣布公司董事会已收到公司董事长陈天桥提交的初步非约束性建议书，以每股美国存托股 41.35 美元的价格收购陈天桥家族尚未持有的盛大网络的剩余全部流通股，进行私有化退市。

或许用一句老话可以概括盛大的现状——穷到只剩下钱了。

提一个问题，或许很多人听说过《传奇》，知道“PK”，但又有多少人知道“盛大”呢？说一个我曾经和编辑开过的玩笑，当时我们讨论关于如何在网上检索相关信息来写企业方面报道的问题，我开玩笑说其他的互联网企业信息都很好检索，可唯独盛大很难查。为啥，你在百度新闻上搜索“盛大”关键词试试，看到的大多不是盛大网络或盛大游戏的新闻，而是盛大开业。

其实盛大一直想做平台，想成为“网上迪斯尼”，可一直忽略了一点，即盛大尽管有许多产品、许多分支领域都做到了第一，但都是有名品而无品牌。

对比下迪斯尼，它旗下的名品有米老鼠、唐老鸭、迪斯尼乐园等名牌，也有皮克斯动画工作室、惊奇漫画公司、美国广播公司这样的名企，群星璀璨之中，它做到了一点，即所有人都知道迪斯尼的存在，或许人们不一定知道个别公司、名牌和迪斯尼的关系，但总能说出一些与迪斯尼相关的文化产品。

又比如拥有 300 多个品牌的宝洁，同样将自己的“宝洁”大名全系植入到各异的产品中。而梦想成为迪斯尼的盛大呢？其知名度或许只有《传奇》的百分之一。

玩着《传奇》，看着起点文学上的网络小说，对于许多网民来说是常态，可很少有人知道背后是一个名为盛大的公司在运作。既然要做互动娱乐的平台，盛大就不能和习惯于隐藏在幕后投资公司的高盛那样，至少盛大的老对手腾讯让所有人都记住了自己，QQ、微信、空间都是腾讯小企鹅的，就算记不住腾讯，也记住了企鹅。

盛大不是没有尝试过，创业之初，他们就设计了一个名叫 Stammer 的小狗，但仅仅只是设计过，其没有成为米老鼠、唐老鸭或者企鹅那样的象征。而时至今日，普罗大众认为盛大其实是籍籍无名的。这和它互动娱乐的平台战略不相符合，毕竟众娱乐的品牌就必须被大众所熟知。京东在发展了十年，吃足亏后在 2013 年高调更换域名、logo 及 VI 系统，并推出了自己的吉祥物：一只名为“Joy”的金属小狗。之后更多的人记住了京东。而盛大一直还是用英文字母组成的 logo 打世界，结果盛大的各种强大产品就如一盘散沙一样呈现在世人面前。

5.3.3 产业闭环就是个梦

我出生于 1980 年的一个南方二线城市——株洲。这个城市在建国后就确立了一个定位——工业城市。对于少年时代的我来说这点并不重要，我只知道我所在的这个城市的基本架构就是几个大企业+若干个中小企业。而我作为国有大中型企业职工的儿子，从小都被冠以一个专有名词——厂矿子弟。

啰嗦了半天，似乎和本书的主题无关。其实不然，对于厂矿子弟来说，我们生活的区域是在厂矿，其实就是一个用厂房、生活区组成的小城镇。如果欲求不多，生老病死都可以在小城镇里解决。生孩子有厂矿医院，生下来就可以进托儿所，接着是幼儿园、子弟小学、子弟中学。生活区里有百货商店，有游泳池、溜冰场、体育场、电影院、招待所，大多是厂矿自主经营。可以说基本的生产、生育、生活都很齐全。后来在中学政治课上，知道了两个很形象的词来形容这种生活——大而全、小而全。这在当时的中国其实是很普遍的事。

如果没有竞争，或设施都差不多，这样的生活图景似乎很符合“鸡犬之声相闻，老死不相往来”的道家思想，非常的理想国。然而市场经济介入后，原本企业运营的各种基础设施就开始出现问题。

我想去设施更齐全、技术更先进的医院治病；我想去有人工波浪的恒温泳池游泳；我厌倦了俱乐部放电影时的嘈杂与小屏幕，想看巨幕、水幕；我想吃本地最好吃的馄饨……各种各样比小社会里的服务更好的私营门店不断出现，很快也很轻易地撕碎了厂矿生活区里的“田园生活”。

闭环被打破了，因为闭环再完美，也不足以满足人们对差异化、品质化的追求，它仅仅只是在没有竞争或竞争稀缺时，能够以基础服务带来基本满意。

同理，20 世纪 80 年代你只能看到几个台，本地电视台总会播放你最喜欢的节目，让你守在它那里。20 世纪 90 年代后，你开始看《快乐大本营》、《非诚勿扰》，你的选择有很多。2010 年后，互联网电视来了，智能盒子来了，手机来了，你不再守着电视过夜，即使看电视也不一定需要看电视台的节目，而是上网追剧、看电影了……

类似的还有邮政与快递，报纸与自媒体等，它们都曾经是闭环模式，曾经代表着垄断，但最后也被无情地打破。

说到这里，你会不会觉得这和盛大企图构建的家庭互动娱乐产业闭环很接近？在很大程度上，闭环可以用传统哲学的“理想国”、“小国寡民”来形容。“只要我给你提供你所需要的服务，你就不能离开我了。”这其实就是潜台词。但这个潜台词的实现必须有一个背景，即别人提供的服务比我还差，我的欲望没有多高。所以我能享受没有冲浪效果的游泳池、没有巨幕和 3D 效果的电影院，没有高手同玩的溜冰场以及口味属于大家都能吃得下但没有特色的饭菜。

盛大也是如此想的，所以它将用户放在闭环里，就和国营企业的“企业办社会”一样，并做到了用户的大多数需求基本上都能在这个闭环中接近，成为一个看起来包罗万象的“小社会”。除了标签略有不同，前者是国营，后者是盛大自营或联合运营。盛大的故事怎么说，怎么像一个“大而全”、“小而全”的国营企业路数，至于好不好，中学政治课本上好像也有答案。

“要把自己的生命线交给零控制力的公司我不放心。我们找最好的，不自己干，这就是小米的进步。我不改变它的业务方向，董事会涉及竞争对手的我自己回避。”雷军说。或许一直在布局小米产业闭环，也同样强调控制力的雷布斯的解法是困死盛大的“亚历山大绳结”的一个破法。但小米也并不完美，或许在高歌猛进中会撞上礁石，希望是或许。

5.4 延伸阅读：互联网企业的网络文化闭环

盛大在闭环里迷失，其实许多互联网公司也在一心一意地构建自己跨产业的完美闭环，这是一个梦想，一个随时因为发展不协调而触礁的梦想，但万一成功了呢？下面看看 PPTV 和阿里是怎么在网络文化的闭环里折腾的。

5.4.1 PPTV：重度迷失的跨界之旅

该发生的还是发生了。

2014 年 3 月 30 日，PPTV 发生人事地震，原 CEO 陶闯“调岗”为常务副董事长，主管公司战略方向，新任 CEO 是原联想移动总裁兼 CEO 吕岩。

2014 年 10 月，当 PPTV 聚力正式确定引入苏宁云商及联想旗下弘毅基金注资的 4.2 亿美元后，时任 CEO 的陶闯对外表示最终接受苏宁和弘毅的原因是这个合作“没有任何大吃小的问题，PPTV 仍是独立运营的团队”。如此，两家合作是水到渠成、各取所需的结果，如图 5.6 所示。

现在看来，PPTV 似乎偏离了原本预期的轨道，走入了“迷失森林”。

图 5.6 PPTV 牵手苏宁

不盈利也要上市

创立于 2005 年的 PPTV 是首家全面覆盖网页端、PC 客户端、手机端、Pad 端，并率先进军互联网电视领域的视频新媒体，活跃用户超过 3.4 亿人。2011 年底，PPTV 打造“一云多端”的多终端产业布局，又陆续推出 PPBOX、PPLink 等自主品牌硬件产品，开始全面进军家庭娱乐视频。

PPTV 的蓝图非常美妙，但最美妙的还是陶闯曾经挂在嘴边的豪言壮语：盈利。2012 年底，PPTV 曾宣称在该年度达到盈亏平衡，但苏宁发布的公告显示 2013 年 1 月至 7 月，PPTV 实现营业收入 3.2 亿元，净亏损为 6500 万元。盈利的困扰对于视频网站来说是阴影，尤其是想要上市的 PPTV。

和其他视频网站相同的是 PPTV 一直都在烧钱。2011 年，陶闯成功从软银孙正义手里融资 2.5 亿美元，至此走上了“可持续发展”的道路。融资成功后，PPTV 迅速进行扩张：三倍的人员递增、三倍版权预算、三倍带宽成本。当时的商务合作部是这样进行采购的：每个人的 KPI 是一天采购一部片子，整个部门的采购预算是 10 亿元。

2012 年的公司年会上，陶闯宣布 PPTV 开始正式进入创业型公司 500 强的上市公司运作模式。但这依然是在画饼。2013 年的年会上，陶闯的话语变了，他首次给自己打分“不及格”。外界评价陶闯此番话的原委，还是在于上市的遥遥无期。

我国新股发行之前实行的是审批制，证监会对上市企业的持续盈利能力、独立性、股权结构、信息披露、募集资金使用、公司治理等问题会重点关注，尤其是要求要上市的公司必须连续三年盈利。仅此一条，就让 PPTV 难跃过龙门。

选择和苏宁合作目的之一也是上市。苏宁投资后占 PPTV 公司 44%的股份，成为后者第一大股东。至此，PPTV 由之前的外资企业变成了一家内资控股的企业，已经符合 A 股对候选上市企业在资本结构层面上的规定。“我们已经成为一家内资控股的企业，完全符合国内上市的条件。这也是当初我们引入苏宁和弘毅投资的原因之一。”陶闯回应道。

2014 年，PPTV 的核心目标依然是上市。“由于国内互联网企业很难实现连续三年盈利，因此这些公司纷纷远赴海外上市，”陶闯话锋一转，颇为乐观地表达其对今年上市的预期，“证监会已经公布新的国内新股发行制度，即由审批制更改为注册制，这在一定程度上将利好上述企业。”

可上市并不会改变 PPTV 的困局。

电视购物黄粱一梦

选择 PPTV，苏宁有自己的考虑。这是苏宁迄今为止最大的一笔战略投资，也是继优酷视频合并土豆网之后，中国在线视频市场上的第二大投资项目。苏宁的豪赌目标依然是电子商务。PPTV 积累的 3 亿线上人流是缺乏入口的苏宁云商最需要的。对于 2009 年才开始发力做电商的苏宁来说，互联网的入口已经成为其很大的一个痛点。据中国电子商务研究中心监测数据显示，2013 年第三季度中国网络购物市场上，苏宁易购的市场份额从上半年第三位下滑至第四位，占比 4.7%。这个市场份额不仅少，而且极不稳定。苏宁易购 Alexa 排名（流量排名）经常呈现大起大落的状态，一下子进入全球 100 名，一下子回落到几万名。显然，消费者只是在每个月 18 日冲着苏宁易购的大促销而来，消费者忠诚度并没形成。

“PPTV 手上有 3 亿视频用户，他们的消费习惯我真的不知道，如果和苏宁的后台打通，PPTV 就可以了解在这里看韩剧的人到底会购买哪些产品。通过数据分析，可以把流量合理地导入苏宁易购，实现商品的售卖以提高营收规模。”陶闯的想法其实也是苏宁的期盼。

2013 年双十一期间，双方就已经开始了试水。PPTV 自制的《女神办公室》在双十一期间就已经播出含有视链购物技术的部分剧集，并开始试验直播商品导购，PPTV 的用户看了视频之后可以到苏宁易购订购商品。

"苏宁入股后，PPTV 开始向电视购物方向滑动，当然美其名曰是互联网思维。"一位业内人士指出，"这和阿里巴巴与新浪微博的合作相似，但对用户体验是有损害的。"一个最直接的反应是 PPTV 上有关苏宁的广告大幅度增多。

除了变成互联网模式的电视购物外，双方的合作乏善可陈。苏宁公布的 2013 年财报显示，利润总额仅为 1.45 亿元，同比下滑 95.5%，净利润为 3.66 亿元，同比下滑 86.32%，该降幅也是苏宁成立以来最大的净利润下滑幅度。合作的效果并没有显现出来。

PPTV 此次换帅，可以视作是全面整顿和去 PPTV 化的前奏。

"我想清楚了，为了让企业走上新的台阶，我们应该采取更加大胆、更有魄力的举动，才能全面提高企业的竞争力"。陶闯的这番话其实代表了他成为常务副董事长后未来地位的"边缘化"，出身联想系的吕岩将执掌大局。而主要负责 PPTV 多终端事业部的单晓蕾则选择了离开。尽管陶闯一直在表示着团结，对外宣称此番调整只是核心领导层的增强。可 PPTV 的高层地震已经实实在在发生，接下来该往何处走呢?

目前，PPTV 仅仅作为苏宁的一个流量入口，显然是一个最坏的道路。

吕岩在 1992 年加盟联想后曾任 QDI（联想主板）事业部总经理、助理总裁、掌上设备事业部总经理、联想集团副总裁、联想移动总裁兼 CEO 等职。新 CEO 的 22 年联想经历加上和苏宁联手投资的弘毅基金本身的联想色彩，外界猜测未来 PPTV 将会整合两大巨头的资源优势进击。

空架子家庭互联网

对于 PPTV、苏宁和联想的"三驾马车"，业界认为最理想的融合模型是"联想电视、PPTV 内容和苏宁渠道"。这个模型已经开始实践。

2014 年 3 月，PPTV 推出了 299 元的新盒子——PPBOX 1S 超值版，并在苏宁线上线下同步发售。其内置的 PPTV 电影、电视剧、综艺、动漫、纪实等多种主流视频媒体资源内容与 PPTV 其他客户端内容同步更新。这是前 CEO 陶闯的一个宏伟理想的现实落地点——家庭互联网。

“2014 年对于视频而言，最大的创业机会是家庭互联网，因为苏宁拥有家庭电视的渠道销售量。”陶闯的理想构架中有苏宁，这也是早前他拒绝千亿规模的阿里巴巴选择苏宁的原因。即使领航员变了，这条路“三驾马车”肯定会继续走下去。大数据则是三方合作的纽带。据陶闯称 PPTV 已经把 3 亿用户按数据分成 48 个等级，分析哪一些是贡献多的，哪一些是不经常来的。这样的“私人订制”一旦应用于商业，其效果是十分巨大的。

但 PPTV 的关键还是家庭互联网，三驾马车的另外两极苏宁和联想必须发挥作用。2014 年 3 月，苏宁披露了首份虚拟运营商套餐，共有 18 种套餐设计。其中就有一个设计，用户每月可获 1G 视频网站 PPTV 客户端定向流量。而联想集团的智能电视恰恰可以弥补 PPTV 盒子的覆盖面空缺。联想拥有的智能手机、PC、平板电脑、智能电视的四屏优势也将拓宽 PPTV 的“收视”空间。

这样，苏宁原本就在进行的“客厅计划”也和 PPTV 的家庭互联网相契合。PPTV 可以通过和苏宁联姻，实现在苏宁 1600 家线下门店及苏宁易购线上商城销售的智能电视上全线预装 PPTV 数字娱乐服务，联想的智能电视加上苏宁占有的 40%智能电视市场销售份额，PPTV 全面打入家庭并不是神话。

这一计划显然比单纯提供流量入口更有价值，而且可以实现多个领域的 OTT（通过互联网向用户提供各种应用服务）。

但有一个局限是 PPTV 本身的内容，没有内容的家庭互联网只是一个空架子。

被视频革了命

家庭互联网还停留在给投资人讲故事的层面，对于 PPTV 来说，目前最大的问题依然是打好网络视频这份工。

有分析指出，PPTV 作为以播放工具为核心的视频客户端，有慢慢偏离视频行业的内容驱动或资源驱动核心的迹象。而事实上，PPTV 已经不在国内一线网络视频企业行列。即使有了苏宁的投资，也难以撼动爱奇艺和优酷土豆在视频行业的优势地位。

与推出智能电视终端的爱奇艺、乐视等视频网站的发展策略不同，PPTV 借助苏宁的销售渠道进行预装，更多的还是一个播放工具的思维。

内容是视频网站永远的痛。水涨船高的版权费让视频网站颇为痛苦。PPTV 曾以 1.5 亿元买入《最强大脑》的版权，而《最强大脑》的制作费仅为 5000 万。

可不购买正版，选择盗版的老路也难行。2014 年 3 月可以说是 PPTV 的多事之秋，一边在换帅，一边也在法庭中败诉。3 月 3 日，上海市一中院对 PPTV 盗播凤凰卫视的《凤凰大视野》、《军情观察室》等品牌电视节目作出二审判决，裁定聚力公司赔偿经济损失及为制止侵权行为所支付的合理开支共计 170 余万元。

烧不起钱买正版，PPTV 选择了牺牲长远利益的做法：如片源中写着《北京遇上西雅图》同步院线即时放送，进去一看是一段用片花剪辑出来的片子；《十二生肖》点击进去是个纪录片；《霍比特人》点击进去是一段演员和主创专访。几个回合下来，PPTV 的用户开始流失。

对于宣称自己要成为网络电视而非网络视频的 PPTV 来说，内容的遗憾让它即使借助苏宁和联想打入到家庭里，也很难获得想要的收视率。“网络电视是一个带有媒体属性的内容，更应该注重原创和独家，而非简单的视频分享。”业内人士指称：“名不副实的 PPTV 还是在卖故事，一旦发现成本回归遥遥无期，PPTV 难免不会落入发展战略相似的酷 6 那样，被盛大甩卖。酷 6 在 2009 年被盛大收购时，盛大的客厅梦已经伴随着盒子计划的失败濒临破产，后面的果壳电子更多的时候是一种象征意义上的抵抗。出师不利，后援乏力，最后只能是梦碎客厅，开始走上了动荡之路。至少苏宁接盘时，PPTV 的估值比上次软银入股下降了 2 亿美元。”

如果购买不是出路，或许超高清 4K 会是机遇。随着智能电视的 4K 化，苏宁和联想均将发力于此，而 PPTV 此刻可以将预装与盒子的问题交给合作伙伴，倾全力打造 4K 自制剧，用少量的精品作为卖点，让自己的媒体属性有所依仗，或许可在 4K 时代借助渠道和硬件的合作优势提前进入市场。

但 PPTV 此刻换帅，军心不稳，等收拾好摊子，从自己迷失了方向的森林里走出来，4K 的窗口期也许已经过了。

5.4.2 阿里影业：电商的票房有多大

保利博纳影业总裁于冬在 2014 年上海电影节上曾说："电影公司未来都将给 BAT 打工！"他预言中国的"八大公司"最后可能变成三大公司，就是 BAT 的三大电影集团。

言犹在耳，预言却几近成真。最迅猛发力的是阿里巴巴。

2015 年 3 月 4 日午间，光线传媒发布公告称阿里巴巴集团斥资近 24 亿元购入 9909 万股光线传媒增发股，占公司发行后总股本的约 8.8%，成为公司第二大股东。至此，阿里系已经成功构建了一个从内容原创（阿里影业、华谊）到发行、分销、传播（光线、优酷土豆、新浪微博），最后到终端（魅族）的强大文化传媒矩阵。

突入电影，阿里来了

艾瑞统计数据显示，2014 年中国电子商务市场交易规模达 12.3 万亿元。而同期，中国已经成为全球第二大电影市场，全年电影总票房为 296.39 亿元，同比增长 36.15%。即使加上 2015 年 2 月以 40.8 亿元票房纪录超越美国，成为当月全球票房冠军的砝码，电商和电影两者市场规模的差距依然十分巨大。

中国电商行业的领军者阿里巴巴此刻选择进入一个以电影为圆点的文化竞技场中，意欲何为？

阿里影业 CEO 张强给出的答案是马云投资电影业，不是为了赚钱，主要是看中中国电影市场的发展空间，他相信这个市场规模可能会达到 2000 亿元，发展潜力巨大，需要改善的地方很多，如图 5.7 所示。

图 5.7　看图你就懂了

这一答案的背后是一个更大的布局。据说张强曾经和马云有过一次深谈：“我们一致认为 2000 亿元的市场规模中，票房只占三分之一，衍生品占三分之一，付费点播再占三分之一。现在票房之外的另外两块几乎是空白的，空白处恰好是阿里要发力的领域。我们希望在电影这个行业里面进行一些商业模式的创新。”

阿里设想的模型非常完美，但问题是它没有多少根基。财大气粗的阿里选择了一条最快捷的路——并购。当然，这也是互联网同行如百度、腾讯及盛大之前进军文化产业的共同路线。

2014 年 3 月，曾投资拍摄奥斯卡最佳外语电影《卧虎藏龙》和 2013 年国产片票房冠军《西游·降魔篇》的文化中国宣布阿里巴巴斥资 62.4 亿港元入股 60%，成文化中国第一大股东。同年 5 月，文化中国改名为“阿里巴巴影业集团有限公司”。

2014 年 4 月，阿里巴巴和云锋基金以 12.2 亿美元收购网络视频领军企业优酷土豆 A 股普通股，其中阿里巴巴持股比例为 16.5%，云锋基金持股比例为 2%。

同月，史玉柱和马云花 65.36 亿元持有国内七大互联网电视牌照方之一的华数传媒 20%股权。

2014 年 11 月，以投资冯小刚的贺岁片闻名的华谊兄弟发布公告称杭州阿里创业投资有限公司出资 15.33 亿元占股华谊兄弟 8.08%。

一连串针对影视行业特定领域的领导型企业的并购加上光线传媒，国内影视行业背后已经浮现出阿里系的影子。另外算上 2013 年 4 月入股的新浪微博，2015 年 2 月入股的知名手机厂商魅族，阿里以影视为核心的文化传媒矩阵基本成型。

阿里布局的核心是阿里影业。坐拥 300 多亿港元的市值，阿里影业已成为国内影视公司中市值排名第三的公司，仅次于华谊兄弟和光线传媒，而后两者还与阿里有关联。

舞台搭好了，接下来的戏该如何唱？

搭积木还是浇混凝土

2006 年 6 月，马云以 53.5 万元的价格买下华谊兄弟 10.7%的股权，随即进入华谊兄弟董事会，作为华谊兄弟的十八名发起人之一。2010 年到 2013 年间，借华谊上市的东风，马云抛售华谊兄弟股票套现超过 6 亿元，获利超过百倍。

但这仅仅是投资，而非深度介入影视行业的运营。

从根上说，互联网的领军企业大多都缺少自有内容的生产环节。多年前，曾经的首富陈天桥和他的盛大网络为了打造自己的网上迪斯尼，曾经高密度、大手笔地“吃下”众多内容生产平台，如起点文学网、酷 6 网和华友世纪等，而且不少是全资收购。然而一度极为庞大的盛大互动娱乐帝国，最终以在 2014 年末转型为互联网投资公司画上句点。

有人曾经揶揄道盛大的互动娱乐帝国是一个用积木垒砌的大厦，每一块积木都很耀目，但组合在一起却非常容易松动，抽一块也许楼就塌了。

2014年9月成功带领阿里巴巴IPO而成为新晋首富的马云，此刻的布局与当年陈天桥的梦想何其接近，他又将如何破解这珍珑棋局。

“淘宝上数以千万计的商品，没有一件是阿里自己生产的。当然，除了天猫盒子。”业内人士如此谈论阿里的内容匮乏，“就算是盒子，里面搭载的内容也并不真正在阿里的掌控之下。因此以阿里为代表的互联网企业对于版权，有着天然的崇拜，文化产业则是版权最集中的地方。”

为了避免走向当年盛大的积木模式，阿里大多采取控股和入股的方式进入相关领域，与盛大多领域投资相比，阿里主要集中突破影视一点，而且阿里投资的影视大鳄间还存在着竞争关系，如光线和华谊之间的竞争就一直是白热化状态。这种并购模式被业界视为是一种“赛马”，确保阿里和各关联公司合作的基础上，影视大鳄们继续保持良好的竞技势头，形成阿里影视坚固的基石。

但阿里的情况也绝非乐观。文化中国自从更名为阿里影业以来，尚未对外正式发布过公司的发展战略，整个2014年几乎没有推出电影上线，同时被爆出文化中国老员工们集体出走。2015年1月，阿里影业宣布去年全年亏损可能达到6亿港元，原因就是推迟发行了原定于2014年发行的若干电视剧，取消或是推迟了若干原定去年制作、发行的电影……直到2015年开年后，收拾停当的阿里影业才宣布了第一个项目——由王家卫监制《摆渡人》。

作为中心支点的阿里影业如此，作为阿里外围的光线传媒也未必光鲜。表面上看，光线传媒2014年出品的电影《爸爸去哪儿》、《分手大师》、《匆匆那年》及《同桌的你》等电影均打入国产电影前十名，更成为民营影视公司票房冠军。但同时，光线赖以起家的电视业务却江河日下，尤其是斥巨资的综艺秀《中国正在听》轰轰烈烈开场，却冷冷清清收场。公告显示，2014年光线传媒电视剧板块收入和毛利同比减少。

状态不稳定的小伙伴们所组成的松散阿里影视联盟，依然还是一个随时可能崩塌的积木大厦，怎么浇筑混凝土？

十年之约！注入电商混凝土

阿里巴巴集团拥有两大优势：大数据和电商平台，这也是阿里给它的影视大厦准备的混凝土，而且已经开始试水。

2015 年初，东方卫视热播剧《何以笙箫默》与天猫达成合作，观众边看边购买剧中同款商品，但实行效果并不理想。据公开数据显示，《何以笙箫默》“边看边买”页面上线第一天，就有近 300 万用户体验，女装商家的页面流量是活动前的 10 倍，不过销售数据却很惨淡，大部分商品月销量仅一位数、两位数或者三位数。

阿里将传统媒体、电商平台、产业实体三者串成闭环的 T2O 模式，一上场就遭遇了寒流，这也给其在 2 月牵手深圳卫视、广东卫视打造电商定制剧的前景蒙上一层阴影。

阿里巴巴的用户平台难以直接平移的问题，同样也体现在去年 3 月推出的“娱乐宝”。该理财产品主打用户出资 100 元，即可投资影视剧，预期年化收益率为 7%。上线初期，娱乐宝的用户仅为 10 万～20 万，参与的电影数量也较少，与阿里数亿用户相比不值一提。

但这只是阿里的一次牛刀小试，它的混凝土浇筑计划更加严密。张强如此描述未来阿里影业的战略构想：第一是 O2O 的电影模式，第二是在影视剧中打通电商模式，第三是拍电影和电视剧。

针对 O2O 的电影模式。张强提出要建起一支全国最大的地网发行团队。所谓地网发行，通俗地说类似于厂商在超市里派驻促销员，他们的任务是帮助电影在各家影院获得更多场次的排片，并通过支付宝的用户数据系统帮助电影院将周边 3 公里的支付宝用户发展为电影院的会员。

阿里为影院拉客免费，但影院同样要付出“代价”，张强的计
影院的售票系统都会搭建在淘宝的平台上。等于说，阿里的“电商
此刻的核心目标不是出几部热播剧和大片，而是沉到更基层，将院
业版图，用大数据和电商平台打开票房的新蓝海。这个版图成型的

早有预期：阿里进入任何领域，都是中国 10 年后需要发展的。什么东西热，阿里反而不会跟进。

然而，这样的电商混凝土格局能否真正凝固成型呢？对阿里来说，依然有三大难关难过。

一是 O2O 电影模式，它其实只是团购模式的升级版，除了阿里在布局，百度糯米、京东和窝窝团亦在布局，支付宝的大数据未必有绝对优势。另外在移动互联网领域，微信支付一枝独秀，更克制了其版图的扩展；而百度糯米连续两年在本地生活服务领域以“3.7 女生节”狙击淘宝“3.8 女人节”并得手，由此可见一斑。

二是在影视剧中打通电商的 T2O 模式。目前阿里尚停留在电视购物网络版上，以影星同款产品来刺激电商销量形成爆款。在淘宝文化背景下，该模式亦难脱高仿、山寨之嫌，这是在西方能成功的 T2O 进入中国首战失利的问题所在。如何解决该问题？不事内容（商品）生产的阿里貌似无解。

三是投资影视剧，这本身就带有赌博的意味。2014 年，号称投资超过 3 亿的《太平轮》遭遇票房滑铁卢，年度票房冠军被投资 7 000 万人民币的《心花路放》以 11 亿元拿下。当下强有力的小伙伴们亦可能在未来的发展路上成为拖后腿的“猪队友”，而有钱的阿里还没有做好这道“文化题”的经验。

目测将达到 2000 亿元的影视市场规模，或许 10 年之后也未必是阿里的天下。

后记
继续越界，最终跨界

越界是跨界之始，这是我从始至终没有改变过的观点。每一次越界，其实都是进入未知的丛林进行探险。没有谁能保证一定成功，因为这条路上没有路标。如果你越界成功，晋级跨界，你将成为后来者的路标。

或许你会说书中提到的案例有些并不算失败，有些只是遭遇了挫折，有些后来成功了，其实这都不是重点。重要的是“让失败照亮成功的路”。

请继续越界，直至最终跨界！只有这样，“互联网+”的愿景才会最终实现，才能真正让中国的经济飞起来。希望我的这本书能够为这一愿景作出点微不足道的贡献。

特别要感谢《销售与市场》、《商界评论》、《经理人》、《法人》、《中国文化报》、《人民邮电报》等传统媒体，感谢你们这些年对我的信任及不断的约稿，这些帮助我逐步积累起了丰富的素材和文章，也逐步形成了自己的观点，也为这本书带来了厚积薄发的支点。

更要感谢《IT 经理世界》杂志的郭娟，是你 2014 年 10 月和我约了一篇关于腾讯的稿件，让我萌生了创作这本书的最初想法。那篇稿子现在也成了这本书的奠基石。

好了，先说到这里，码字很累，要休息休息了。

電子工業出版社 PUBLISHING HOUSE OF ELECTRONICS INDUSTRY http://www.phei.com.cn

Broadview® WWW.BROADVIEW.COM.CN

博文视点 · IT出版旗舰品牌

好书分享

《谁主沉浮——移动互联网+新浪潮》

ISBN 978-7-121-25996-8

【内容简介】移动互联网是传统 PC 互联网的延伸，未来移动互联网的内涵还将继续扩大，并延伸到各种移动终端的载体上。本书分析了目前移动互联网的竞争态势和趋势，指出移动互联网对于中国经济和社会是一次重大的革命，在中国经济发展放缓的背景下，是经济发展的新动力，未来将影响到企业内部的管理和社会结构，并将形成新的社会文化和社会互动机制。工业 4.0 和互联网 + 的到来标志着移动互联网对于产业前端的影响将进一步提高。

《一本书读懂互联网+金融》

ISBN 978-7-121-25985-2

【内容简介】本书主要对当下互联网金融的垂直细分领域进行了系统梳理，涉及第三方支付、P2P 借贷平台、众筹、网络货币等目前出现的垂直细分领域，也涉及了中外模式的对比，国内互联网金融史上发生的那些具有划时代历史意义的事件，有案例、有问题剖析、也有全面预测，希望本书能带给业内人士更多的思考。

《金融创富：互联网+时代的财富管理与策略》

ISBN 978-7-121-25976-0

【内容简介】本书共分为互联网金融篇、财富管理篇和量化投资篇三个部分。互联网金融篇主要阐述了流行的互联网金融产品的主要原理、收益方式、产品结构、风险控制等方面的内容。财富管理篇介绍了一些常用的财富管理产品，如分级基金、对冲基金、信托、优先股等，并介绍了几个特殊的策略。量化投资篇阐述了量化投资的优点，包括如何通过量化投资创造绝对收益，量化投资的主要套利策略、股价的可预测问题、创业板暴涨背后的经济学原理等。

更多信息请关注

博文视点官方网站
http://www.broadview.com.cn

博文视点官方微博
http://t.sina.com.cn/broadviewbj

博文视点Broadview

新浪微博 weibo.com

@博文视点Broadview